Me Gana La Risa
Volumen 3

Me Gana La Risa
Volumen 3

Tato Garibay

Ilustraciones
Mariano Morales

Grupo Editorial Tomo, S. A. de C. V.
Nicolás San Juan 1043
03100 México, D. F.

1a. edición, agosto 2002.
2a. edición, septiembre 2003.
3a. edición, julio 2005.

Nicolás San Juan 1043, Col. Del Valle
03100 México, D.F.
Tels. 5575-6615, 5575-8701 y 5575-0186
Fax. 5575-6695
http://www.grupotomo.com.mx
ISBN: 970-666-548-X
Miembro de la Cámara Nacional
de la Industria Editorial No. 2961

Diseño de Portada: Emigdio Guevara
Ilustraciones: Mariano A. Morales T.
Supervisor de producción: Leonardo Figueroa

Impreso en México - *Printed in Mexico*

Introducción

Mucha gente dice, con bastante tino por cierto, que la risa es el alimento del alma. Pues bien, aquí tienen un tercer tomo de esta colección que quizá logre saciar esa hambre que tienen.

Los chistes contenidos en este libro van de animales y hasta Suegras (¿no serán lo mismo?), pasando por Diversas Nacionalidades, Viejitos, Maricones y Judíos.

Espero no lastimar susceptibilidades ni ofender a cualquiera de estos géneros (sobre todo al animal), pero si nosotros mismos no nos reímos de nuestras características, cualidades y defectos, ¿sería la vida algo tan placentero? Sinceramente opino que no.

Por ello, y con todo respeto a cualquier persona que se sienta lastimada, pongo a tu consideración estos chistes que, si les agregas o les quitas algo para hacerlos mejores, seguramente lograrán hacer que le ***Gane la Risa*** a alguien más, llenando de alegría y diversión este mundo cada vez más gris y triste.

Suerte y a reírse con todas las ganas...

Tato Garibay

De Animales...

La paloma... es el pájaro de la paz.
La mujer... es la paz del pájaro.
El viejo... tiene el pájaro en paz.
La solterona... no conoce ni la paz ni el pájaro.
El soltero... no deja el pájaro en paz.
La viuda... no puede vivir en paz sin el pájaro.

☺

Primer acto: Un ganso llamando a su esposa.
Segundo acto: Un ganso llamando a su esposa.
Tercer acto: Un ganso llamando a su esposa.
¿Cómo se llama la obra?
VEN... GANZA

Primer acto: Llega un pájaro a un maizal y lo quema.
Segundo acto: Llega el mismo pájaro a otro maizal y lo vuelve a quemar.
Tercer acto: Llega el mismo pájaro a otro maizal y lo vuelve a quemar.
¿Cómo se llamo la obra?
El pájaro quemamais

☺

Estaba un día un tipo en el zoológico viendo a los animales muy entretenido. Mientras observaba las jaulas de los leones, de los caballos, de los elefantes y demás animales, comía sin cesar una gran bolsa de cacahuates. Aburrido de no ver nada extraordinario entre los animales, el tipo iba refunfuñando y maldiciendo a todo y todos, hasta que, de repente, vio una jaula solitaria al final del zoológico.
Al acercarse a ella vio a un gorila que estaba arrinconado y temeroso. Se acercó sigiloso y trató de llamar la atención del animal. El gorila, intrigado por el aspecto del hombre, se acercó a las rejas de su solitaria jaula y comenzó a emitir extraños ruidos.
El hombre, asombrado por el hecho, y al ver un letrero que decía: *ESTÁ PERMITIDO DAR COMIDA A LOS ANIMALES*, lanzó un cacahuate al gorila. Éste, lo tomó en el aire, lo pasó por su cola, y después se lo comió. Completamente anonadado, el hombre tomó otro cacahuate y lo lanzó de nuevo. Otra vez, el gorila lo tomó, lo pasó por su *cola* y después se lo comió. Con los ojos

desorbitados, el caballero tomó uno y otro y otro cacahuate para ver cómo el gorila, uno tras otro, pasaba los cacahuates por su *fundillo* antes de comerlos.
Cuando se terminaron los cacahuates, el hombre fue a la oficina del médico del zoológico para investigar el comportamiento del gorila. Al llegar con el médico, le dijo:
-"Doctor, ¿por qué cada vez que le lanzo un cacahuate al gorila de la jaula que está al final del parque, éste lo pasa por su cola antes de comerlos?"
-"Ah, amigo, lo que pasa es que ese pobre animal está traumado".
-"¿A qué se refiere con que el gorila está traumado? Es más, ¿eso qué tiene que ver con que se pase los cacahuates por la cola antes de comerlos?"
-"Bueno, es que ese gorila una vez tuvo un problema muy serio".
-"Pero doctor, ¿qué puede motivar a un animal para que haga eso?"
-"Bueno, es que un día una mujer lanzó un mango al gorila".
-"¿Y eso qué tiene que ver?"
-"Bueno, pues que el gorila tomó el mango y se lo comió todo, y unas horas después el hueso se le atoró en la cola, por eso, a partir de ese día, se mide todo lo que se come".

☺

Este era un concurso internacional sobre aves. Se trataba de ver quién tenía el ave más ágil y obediente. Para variar quedaban un holandés, un gringo y un mexicano. Pasa el holandés con un halcón sobre el brazo con la cabeza cubierta. El tipo le destapa la cabeza y el halcón se eleva por los cielos, el holandés saca una pajita y la deja caer, el halcón se lanza en picada como a 160 km/h y recoge la paja en el pico antes de que ésta llegue al suelo. Los presentes aplauden anonadados y los jueces anotan calificaciones. Pasa el gringo con un águila cabeza blanca sobre el brazo con la cabeza cubierta. El tipo le destapa la cabeza al águila y ésta se eleva por los cielos, el gringo saca una pajita, la parte en dos, las deja caer, y el águila se lanza en picada como a 180 km/h y recoge las pajas con el pico antes de que lleguen al suelo. Los presentes aplauden más anonadados aún y los jueces anotan calificaciones. Finalmente, pasa el mexicano al último con un perico huasteco verde sobre el brazo con la cabeza cubierta. El tipo le destapa la cabeza al perico y éste grita:

-"¡Ya era hora cabrón!"

El perico se eleva por los cielos, el mexicano saca una pajita, la parte en tres partes y las deja caer al suelo, el perico se lanza en picada como a 220 km/h y los presentes se ponen de pie ante tal espectáculo y sólo alcanzan a escuchar que el perico grita:

-"¡Echa más paja pendejo que me voy a romper la madre!"

☺

Una nena le pregunta a la madre si puede sacar a dar una vuelta a la perra. La madre le pide que consulte

con su padre que está trabajando en el garage, porque cree que la perra está en celo y podría ser peligroso. La niña obedece y le pregunta a su padre, quien responde:
-"Bueno, pero como la perra está en celo le pasaremos un poco de gasolina por el lomo para disminuir su olor y no tentar a los perros".
Hecho esto, la niña le coloca la correa a la perra y sale de su casa con ella. A la media hora la nena vuelve con la correa en la mano y el padre alarmado pregunta por la perra. Ella responde:
-"Se quedó sin gasolina en la otra cuadra y hay un perro muy amable que la trae empujando".

☺

Era un bonito día en la selva y el león había organizado una fiesta por el primer centenario de su gran amiga la tortuga. Estaba la fiesta de primera y se empezaron a formar los grupitos, y la tortuga se mete a uno y empieza a escuchar lo que decían los demás, cuando de pronto el león la ve y la nota un poco seria y entonces dice:
-"Vamos a contar chistes, y el que no haga reír a la tortuga me lo como".
El chango empieza con un chiste que hizo reír a todos por más de 15 minutos, pero la tortuga no hizo ni una mueca, así es que el león suelta un zarpazo y se traga al chango de un bocado. La liebre, muy segura de sí misma, se avienta un chiste de lo mejor que se había oído en la selva y todos los animales se carcajean por varios minutos, pero la tortuga, nada de nada, así que el león

procede a tragarse a la liebre de un solo bocado. Toma la palabra la avestruz y cuenta el mejor chiste de todos; los animales no paraban de reírse y hasta la hiena se hizo pipi de la risa, pero la tortuga no daba casi ni señales de vida, por lo que al león no le quedo más remedio que tragarse a la simpática avestruz. De pronto se oye una voz muy ronca y dice el hipopótamo:

-"Aquí les va uno".

Y cuenta el peor chiste de la selva; después de zapes y abucheos, se escucha una risa a carcajadas, y todos sorprendidos voltean a ver cómo la tortuga se revolcaba de la risa y no podía parar. Cuando logra volver a recuperar la calma el león sorprendido le pregunta:

-"¿Te gustó el chiste del hipopótamo?"

Y la tortuga le dice:

-"¡No!, ¡le acabo de entender al chiste del chango!"

☺

Un motociclista va a 150 km/h en una carretera y de pronto se encuentra de frente con un pajarito y no lo alcanza a esquivar.

Por el espejo retrovisor vio que el pobre animalito daba y daba vueltas hasta quedar tendido sobre el pavimento. No pudo contener el remordimiento ecológico y regresó a levantarlo. El pajarito estaba totalmente inconsciente, como muerto, pero el motociclista de todos modos se lo llevó, le compró una jaulita y lo dejo en su casa, asegurándose de poner un poquito de pan y agua para el animalito.

Al día siguiente el pajarito se despierta, y al notar que estaba encerrado como en una cárcel, dijo:
-"¡Me lleva el diablo, maté al motociclista!"

☺

Llega una señora a exponerle un problema al cura de la Iglesia del pueblo y le dice:
-"Tengo dos cotorros, bueno la verdad es que son hembras, pero sólo saben decir una sola frase".
-"¿Qué saben decir hija?", preguntó el padre.
La señora con pena y todo le contesta:
-"Sólo saben decir: *Hola, somos prostitutas, ¿quieren tener algo de diversión?"*
-"¡Eso es terrible!", exclamó el padre, "pero yo tengo una solución al problema. Traiga sus dos cotorritas a mi casa y las pondré con mis dos cotorros machos que hablan mucho, y a los cuales les he enseñado a rezar y a leer la Biblia. Mis cotorros les enseñarán a sus cotorritas a dejar de decir esas frases tan desagradables y vulgares, y sus cotorritas aprenderán a orar y rezar".
-"Muy bien. ¡Gracias!", respondió la señora.
Al día siguiente la señora lleva a sus cotorritas a la casa del sacerdote. Los dos cotorros machos sostenían un rosario cada uno y oraban en su jaula. La señora metió a sus cotorritas en la jaula con los cotorros machos del cura y las cotorritas dijeron:
-"Hola, somos prostitutas. ¿Quieren tener algo de diversión?", y en eso uno de los cotorros voltea a ver al otro y exclama:

-"Ya deja ese rosario... ¡Al fin nuestras oraciones han sido escuchadas!"

☺

Un hombre entra a la tienda de mascotas buscando un perico para llevarse a su casa. Le pide precios al encargado pero todos los pericos estaban muy caros. Por fin, encuentra uno barato y le pregunta al encargado:
-"¿Por qué cuesta tan poco?"
Y el empleado le explica:
-"Lo que pasa es que a este perico le mocharon las dos patas y se sostiene en la percha sólo con el miembro".
El hombre piensa:
-"¡Vaya! Será una buena atracción para entretener a las visitas. ¡Lo compro!", le dice al encargado.
Total, lo paga y se lo lleva a su casa. Como no se encontraba su esposa en ese momento y él tenía que regresar al trabajo, lo deja en la jaula dentro de la cocina. Al volver del trabajo, su esposa no estaba, y le pregunta al perico:
-"¿Cómo te fue?"
Y el perico le contesta:
-"Bien. Ya conocí a tu mujer. Es buena onda".
-"¡Ah! ¿Si?", le dice el hombre, "¿y qué pasó mientras?"
-"Bueno...", dice el perico, "vino el plomero y se puso a arreglar la tubería del fregadero".
-"¿Y luego?"
-"Al terminar comenzó a besar a tu mujer"
-"¡Qué! ¿Y después?"

-"Se la comenzó a fajar en la mesa".
-"¡Hijo de su....! ¿y después?"
-"La comenzó a desvestir"
-"¿Y luego?"
-"Le comenzó a besar todo el cuerpo y ya cuando se la iba a meter..."
-"¿Qué? ¿Qué pasó después?"
-"No sé. Se me paró y me caí de la percha".

☺

Estaba un gato caminando y se encuentra a una gatita, se le acerca y le dice:
-"Hola gatita, te invito a rasgar el sillón".
-"No se dice sillón, se dice sofá y ¡no voy!"
El gato vuelve a intentar convencerla:
-"Oye gatita, ¿quieres ir a revolcarte al pasto?"
-"Que no se dice pasto, se dice césped y ¡no voy!"
El gato angustiado exclama:
-"¡Chin...!, esta gata es muy apretada, como le haré... ¡ya sé! Oye gatita quieres ir a coger un ratón".
-"Que no se dice ratón, se dice ratito y ¡si voy!"

☺

Era un periquito que vivía en un prostíbulo y ya cansado de ver a la misma gente volteaba hacia los lados diciendo:
-"Las mismas viejas. Los mismos clientes".
Todos los días sucedía lo mismo hasta que de repente se deja venir un sismo y se derrumba la casa quedando el perico entre los escombros. En eso pasaron unas

monjas y recogieron al inconsciente periquito llevándolo a vivir con ellas. Cuando despertó, lo primero que hizo fue voltear hacia los lados y decir al ver las monjas:
-"¡Viejas nuevas!"
Y al voltear hacia el otro lado ve a los padres y dice:
-"Los mismos clientes".

☺

Pues resulta que iba una niña con su papá caminando alegremente por la calle cuando de repente vieron a unos perros echándose un palito. La niña curiosa por lo que vio le pregunta al papá:
-"Papi, ¿qué le está haciendo el perro de arriba al de abajo?"
El padre no sabiendo qué contestar le dice:
-"Mira hija, lo que pasa es que el perrito de arriba se lastimó la pata y el de abajo lo está cargando".
La niña se queda calladita y camina con su padre hasta la casa. Pensando el padre que se había escapado de dar explicaciones, le pregunta a su hija que estaba en la sala muy callada y pensativa:
-"¿En qué piensas hija?"
-"En que hay maldad en todo nuestro alrededor papá".
-"¿Por qué me dices eso hijita?"
-"¿Te acuerdas los perros que vimos en la calle?"
-"Sí, me acuerdo de ellos. Y eso ¿qué tiene que ver con la maldad en el mundo?"
-"Es que pobre perrito el de abajo"
-"¿Por qué hija?"

-"Pues todavía que va ayudando al otro, ese hijo de la guayaba se lo va fornicando".

☺

Un ladrón entra a una casa a hacer de las suyas con su linterna en la mano. Cuando estaba escudriñando por el comedor en busca de la platería escucha una extraña voz que le decía:
-"¡Jesús te está mirando!"
El ladrón se sobresaltó, apagó la linterna e inmediatamente se puso a averiguar de dónde provenía esa voz.
-"¡Jesús te esta mirando!", volvió a escuchar.
Encendió nuevamente su linterna y vio a un loro encerrado en una jaula, que le repitió:
-"¡Jesús te esta mirando!"
El tipo se río y le respondió:
-"¿Y tú quién eres?"
-"Soy Moisés", contestó el loro.
-"¿Y quién fue el imbécil que te puso Moisés?"
-"El mismo pendejo que le puso Jesús al perro Rotweiller que está detrás de ti".

☺

Había dos ratones que andaban por la carretera, en eso pasa un trailer y el chofer tira un cigarro de marihuana. Entonces le dice un ratón al otro:
-"Mira vamos a darle una fumadita".
Y el otro ratón le contesta:
-"No, yo no le hago a eso".

-"Bueno, ¡pues yo sí le fumo!"
Después de tres *jalones* que se pone bien loco, el mugre ratón se creía superman. En eso venía otro trailer por la carretera y dice el ratón que fumó marihuana al otro:
-"Vas a ver cómo paro ese trailer con una mano".
Y le dice el otro:
-"No chingues, no seas guey, ¡te van a aplastar!"
-"¡Vas ver!", le contesta el otro.
Y diciendo y haciendo, se pone en medio de la calle con una mano haciendo alto y con la otra en la cintura. En eso, que se le poncha una llanta al trailer, y por buena suerte, que se para en la mera mano del ratón... Cuando se para el trailer, se baja el chofer y dice:
-"¡Me lleva la madre! Voy a tener que sacar el gato..."
Y dice el ratón:
-"¡Ni me amenaces guey, que te volteo el pinche trailer!"

☺

Ricardo recibió un loro por su cumpleaños; ya era un loro adulto, con una muy mala actitud y vocabulario. Cada palabra que decía estaba adornada por alguna palabrota, así como siempre de muy mal genio.
Ricardo trató desde el primer día de corregir la actitud del loro diciéndole palabras bondadosas y con mucha educación, le ponía música suave y siempre lo trataba con mucho cariño.
Llego un día en que Ricardo perdió la paciencia y gritó al loro, el cual se puso más grosero aún, hasta que en un momento de desesperación, Ricardo puso al loro en

el congelador. Por un par de minutos aún pudo escuchar los gritos del loro y el revuelo que causaba en el congelador, hasta que de pronto todo fue silencio.
Luego de un rato, Ricardo temeroso de haber matado al loro, rápidamente abrió la puerta del congelador. El loro salió y con mucha calma dio un paso al hombro de Ricardo y dijo:
-"Siento mucho haberte ofendido con mi lenguaje y actitud. Te pido de la manera más atenta me disculpes y te prometo que en el futuro vigilaré mucho mi comportamiento..."
Ricardo estaba muy sorprendido del tremendo cambio en la actitud del loro y estaba a punto de preguntarle qué es lo que lo había hecho cambiar de esa manera cuando el loro continuó:
-"¿Te puedo preguntar... qué fue lo que hizo el pollo?"

☺

Estaba mamá camello con su hijo cuando de repente le pregunta el camellito a su mamá:
-"Oye mamá, ¿por qué tenemos los dedos de las patas tan grandes?"
Mamá camello le respondió:
-"Ah, los dedos son grandes para que no nos hundamos en la arena".
-"¿Y por qué tenemos estas pestañas tan grandes?"
-"Para que no nos entre arena a los ojos".
-"¿Y por qué tenemos esta joroba tan grande?"
-"La joroba nos sirve para almacenar grasa y así poder

recorrer grandes distancias en el desierto".
-"Ah ya entiendo, los dedos son para que no nos hundamos en la arena y las pestañas largas para que no nos entre arena en los ojos, y esta joroba para aguantar grandes distancias en el desierto, entonces mamá me puedes decir ¿qué chingados hacemos en el zoológico?"

☺

Iba un viejito por el bosque cuando escuchó a sus pies una débil voz. Se agachó y descubrió que quien le hablaba era una ranita:
-"Soy una princesa hermosa, erótica y sensual, diestra en todos los placeres de la carne y el amor. La reina mala, envidiosa de mis encantos, me convirtió en rana, pero si me das un beso, volveré a ser quien era y te daré todos los goces y deleites que mi voluptuoso temperamento y mi ardiente concupiscencia pueden producir".
El viejito levanta la rana y se la echa en el bolsillo. Asoma la cabeza la ranita y le pregunta muy desconcertada:
-"¿Qué, no me vas a besar?"
-"¡No!, a mi edad es más divertido tener una rana que habla, ¡que una maniática sexual!"

☺

Estaba un cochinito comiendo tranquilamente cuando de pronto llega una gallina corriendo y derrapándose, y se empieza a reír de él:
-"Pobre, ja, ja, ja, te van a matar ja, ja, ja, ja..."
Entonces el cochinito muy asustado le pegunta:

-"¿Por qué dices que me van a matar?"
Ella contesta:
-"Es que en la mañana oí decir al patrón: *mañana le das chicharrón a la gallina.*

☺

Estaba la gallina muy enojada porque su gallo no llegaba. El gallo acostumbraba a salirse todas las noches a parrandear con otras gallinas... y por eso ya estaba la gallina bien enojada. Un día la gallina decide salirse por la noche también. Dieron las 2 de la mañana cuando el gallo llegó a su casa y se encuentra con que sus pollitos estaban solos y muriéndose de hambre. El gallo bien encabronado les pregunta a sus hijitos:
-"¿Dónde está su mamá?"
Los pollitos muy asustados le contestan:
-"Mamá no está... se fue después de que te fuiste y no nos dio ni de cenar".
El gallo más se enojó. Se sentó afuera del gallinero a esperar a su gallina. Dieron las 3, las 4, las 5 de la mañana, y allá venía la gallina cantando muy alegre. El gallo se levanta histérico y le empieza a reclamar a la gallina, que en ese momento venía bien tomada y le contesta:
-"Momento cabrón, momento cabrón, que aquí la de los huevos soy yo".

☺

Un niño pequeño, de unos 12 años iba andando por la calle arrastrando de una cuerda a una rana aplastada.

Llegó hasta un prostíbulo y tocó a la puerta. La madame abrió la puerta y al ver un niño pequeño le preguntó:
-"¿En qué te puedo ayudar niño?"
-"Quiero hacerlo con una de sus muchachas. El dinero no es problema, tengo suficiente. Y le advierto que no me iré hasta conseguirlo"
La madame se lo pensó y decidió, ¿por qué no?, y le dijo que pasara. Una vez adentro, le invitó a elegir entre las chicas la que más le gustara.
-"¿Alguna de ellas tiene alguna enfermedad venérea?"
-"No hijo, ninguna... todas son muy sanas y limpias".
-"Pero he escuchado a los hombres del pueblo decir que habían tenido que ir al hospital a recibir tratamiento después de haberlo hecho con Marlene, así que esa es la chica que quiero".
-"Pues si ella es la que deseas, está subiendo las escaleras, en la primera puerta a la derecha".
Siguiendo las instrucciones, subió por las escaleras arrastrando la rana aplastada. A los diez minutos baja por las escaleras, sigue arrastrando la rana, paga a la madame y se dirige hacia la salida, momento en el cual le para la madame y le pregunta por qué ha elegido a la única chica que tenía en el local con una enfermedad, en vez de cualquiera de las otras.
-"Bueno, si tienes que saberlo, esta noche, cuando llegue a casa, mis padres van a salir a cenar y me van a dejar con la niñera. Cuando se hayan ido, lo voy a hacer con la niñera, pues le gustan mucho los jovencitos, y ella se contagiará con la enfermedad que yo acabo de agarrar. Cuando vuel-

van mis padres, papá le dará un aventón a la niñera a su casa y en el camino se la echará y agarrará la enfermedad. Cuando papá vuelva de llevar a la niñera, él y mamá se acuesten, lo harán y ella se contagiará. Por la mañana cuando papá se vaya al trabajo, el cartero traerá el correo y se echará un rapidín con mamá y también lo contagiará, ¡y ese es el hijo de la fregada que atropelló a mi ranita y me lo quiero chingar!"

☺

Este es un divertido ejercicio de lectura. Es un texto difícil leer en forma continua. Inténtalo leer en voz alta y seguido, sin parar, rápido, pero sin correr

Este gato está vivo
Este gato es vivo
Este gato la ve fácil
Este gato forma círculos
Este gato de mi casa
Este gato tener fiebre
Este gato a la hora
Este gato un rato
Este gato pendejo pendejo gato
Este gato entretenido él solo
Este gato por gato
Este gato cuarenta veces
Este gato segundos después

Ahora lee solamente la tercera palabra de cada línea.

☺

Una reportera de televisión quiere entrevistar a un granjero para hablar sobre lo que causa la enfermedad de las vacas locas. La mujer le pregunta:
-"Buenos días señor, he venido para recoger información sobre los motivos o causas de la enfermedad de las vacas locas. ¿Tiene usted alguna idea sobre el origen?"
El granjero mira fijamente a la reportera y le dice:
-"¿Sabe usted que el toro le hace el amor a la vaca una vez al año?"
-"Bueno señor... no, no lo sabía, pero… ¿cuál es la relación entre este hecho y las vacas locas?"
-"¿Y sabe usted que las vacas se tienen que ordeñar cuatro veces al día?"
-"Señor... es una información muy interesante, ¡pero no tiene nada que ver con la pregunta!"
-"¡Claro que tiene que ver con la pregunta! Imagínese usted que le toco las tetas cuatro veces al día y que sólo me la echo una vez al año, ¿no se volvería usted loca también?"

☺

¿Qué le dijo una vaca a un toro que se estaba ahogando?
Nada, buey.

☺

¿Por qué las gallinas quieren tanto a sus pollitos?
Porque les han costado un huevo.

☺

Una pulga está tomando sol en la playa, toda bronceada, debajo de una sombrilla, cuando llega otra pulga muerta de frío. La primera le pregunta:
-"¿Qué te paso?"
-"Resulta que quise venir a la playa a tomar el sol, y me subí en los bigotes de un motociclista que venía para acá, pero casi me muero del frío después de venir todo el camino a 200 kilómetros por hora".
-"No seas bruta, tienes que hacer como yo, te escondes en el baño de mujeres, y cuando entra una, te subes a su ropa interior y viajas calientita y segura".
Al otro fin de semana vuelven a encontrarse en la playa las dos pulgas, la primera bronceadísima, y la segunda nuevamente blanca y muerta de frío.
-"¿Y ahora qué te pasa, no hiciste lo que te dije?"
-"Sí, lo hice. Me escondí en el baño de mujeres, llegó una y cuando se bajo la ropa interior, me subí, me acomode ahí muy a gusto y me quede dormida".
-"Entonces, ¿qué pasó?"
-"No lo sé; cuando me desperté estaba otra vez en los bigotes del motociclista y venía a 200 kilómetros por hora muriéndome de frío".

☺

Un cachorrito de oso va con la mamá y le pregunta:
-"Mamá, ¿qué raza de oso soy yo?"
-"Eres un oso polar", responde la mamá.
Pero el oso insiste:
-"Mamá, ¿estás segura que yo no soy un oso café?"

-"No, eres un oso Polar, te digo".
Pero el cachorro no está todavía satisfecho.
-"¿Estás segura que no soy un oso montañés?"
-"¿Por qué haces todas estas preguntas? ¡Eres un oso polar!", responde la mamá ya enojada.
El oso va entonces con el papá oso y le pregunta:
-"Papá, ¿quizá soy yo un panda?"
-"No, tú eres un oso polar", responde el padre. Pero el cachorro pregunta todavía:
-"¿Estás seguro que no soy un koala?"
-"No, eres un oso polar. Pero, ¿por qué haces todas estas preguntas?", cuestiona molesto papá oso. Y el osito comienza a llorar y balbucea:
-"¡Pues porque tengo un chingo de frío!"

☺

Estaba papá oso, mamá osa, el hijo osito y se disponen a comer, cuando se sienta el papá oso a la mesa y ve su plato vacío. El papá oso lleno de rabia, se levanta y grita enojado:
-"¿Quién hijos de la chingada se atrevió a comerse mi sopa?"
El hijo osito aterrorizado, baja la cabeza y voltea a ver el suyo, ¡y sorpresa!, el plato vacío, entonces se levanta y dice enojado:
-"¡Qué poca madre! ¿Quién se comió mi sopa?"
En eso voltea mamá osa y les dice:
-"Se sientan y a callar par de pendejos, ¡que todavía no les sirvo!"

Un hombre estaba desayunando cuando vio una procesión funeral muy inusual. No aguantó la curiosidad y se acercó al cementerio, que se encontraba en las proximidades. Un ataúd negro era seguido por otro ataúd negro, detrás del segundo ataúd caminaba un hombre solitario, con un perro doberman al que sostenía de la correa. Detrás de él caminaban unos 200 hombres, en una sola fila. El hombre curioso, con mucho respeto, se aproximó al hombre que llevaba al perro y le dijo:

-"Señor, sé que este es un muy mal momento para molestarle, pero no había visto una procesión como ésta. ¿De quién es este funeral?".

El hombre respondió:

-"Bueno, en el primer ataúd está mi esposa".

-"¿Qué le pasó a ella?", replicó el curioso.

-"Mi perro la atacó y la mató".

-"Bueno, ¿quién está en el segundo ataúd?"

-"Mi suegra. Ella estaba tratando de ayudar a mi esposa y el perro se volvió hacia ella".

Un momento solemne de silencio transcurrió entre los dos hombres.

-"Señor, ¿puedo pedirle prestado el perro?".

-"Claro, fórmese en la fila".

☺

El último día de clases, los alumnos le llevaron regalos a la maestra. El hijo del florista le entrega un ramo de flores, el hijo del frutero le entrega una caja de manzanas y la hija del confitero, una bonita caja de bombones.

En eso, el hijo del dueño de la vinatería se acercó cargando con una caja grande y pesada. Al recibirla, la maestra se dio cuenta que algo escurría por la parte de abajo. Con el dedo recogió una gota del líquido y lo probó:
-"¿Es vino?", dijo tratando de adivinar.
-"No", respondió el chico.
-"¿Champaña?"
-"No".
-"Me rindo... ¿Qué es?"
-"¡Un perrito!"

☺

Dos amigos se encuentran en su viaje anual de cacería cuando, sin pensar, entran a la zona de leones. Mientras están preparando sus armas, un león se acerca y se les pone enfrente mirándolos a los ojos. Uno de los camaradas dice, con voz muy baja:
-"Compadre, páseme con mucho cuidado mis tenis sin hacer ruido".
Se cambia las botas por los tenis y se pone un pantaloncillo. El amigo, al verlo, exclama:
-"¡Oiga, compadre, no sea payaso! ¿A poco cree que le va a ganar a correr al león así?"
-"Pues al león no sé, ¡pero a usted sí!"

☺

Un día una niña fue a una playa nudista, vio un hombre desnudo y le preguntó:

-"¿Qué es eso?"
El hombre le dijo:
-"Esto es mi pajarito", y el hombre se cubrió su pajarito con sus manos y se fue a dormir. Cuando el hombre despertó, estaba en un hospital y un policía le preguntó qué le había pasado. El hombre le respondió que una niña le había preguntado sobre sus partes privadas y él después se había ido a dormir. Entonces el policía fue a ver a la niña y le preguntó qué había ocurrido. La niña dijo:
-"Después que él se fue a dormir, yo me puse a jugar con su pajarito y de pronto me escupió. Entonces yo le torcí el pescuezo, le quebré los huevos y le quemé su nido por grosero".

☺

Era domingo y el zoológico estaba lleno de visitantes. Todos querían ver la nueva adquisición del parque: un enorme gorila traído de muy lejos. Decía el folleto explicativo:
"De una remota región de África donde nunca el hombre ha dejado huella".
Entre los que acudieron a contemplarlo se hallaba un paralítico en su silla de ruedas. De pronto se produjo una enorme conmoción, el gorila se había enfurecido, mostraba dientes y garras en actitud de ataque y se daba tremendos golpes en el pecho. La gente retrocedía asustada. El fiero animal empezó con sus membrudos brazos a doblar los barrotes de su jaula. Los rompió por

fin, y salió de ella. Espantada la gente echó a correr por todas partes. El pobre paralítico también se apresuraba en su silla de ruedas, pero se iba quedando atrás, casi al alcance del gorila, que corría tras de la muchedumbre. Un guardia que acudía vio los apuros del desdichado y empezó a gritar, a fin de que la gente lo ayudara:
-"¡El paralítico! ¡El paralítico!"
El paralítico se voltea y le grita con gran rencor:
-"¡Dejen que el gorila escoja, hijos de la chingada!"

☺

Un conejito estaba corriendo por la jungla cuando ve a una jirafa que se está haciendo un churro de mota. El conejito se para y le dice a la jirafa:
-"Amiga jirafa, no te fumes eso, mejor vente a correr conmigo, ¡ya veras que sano es!"
La jirafa lo piensa y decide tirar el churro y en friega se va detrás del conejito sude y sude pero corre y corre. Los dos están corriendo por la selva y descubren a un elefante a punto de meterse una raya de coca. El conejito se acerca al elefante y le dice:
-"Amigo elefante, deja de meterte esa cosa y vente a correr con nosotros, ¡verás que bien te vas a sentir!"
El elefante lo piensa, tira su espejo con la raya y decide seguirlos. Están los tres corriendo como locos cuando, de pronto, se encuentran con un león que está a punto de inyectarse una dosis de heroína. El conejito le dice:
-"Amigo león, deja el pico y ven a correr con nosotros, ya veras lo bueno que es".

El león se acerca al conejo y le pone una madriza que casi lo mata. Los otros animales, escandalizados, preguntan al león:
-"¿Por qué has hecho eso? ¡El conejito solo quiere ayudarnos!"
Y el león responde:
-"¡Es que este pinche conejo me hace correr por todas partes cada vez que se toma una tacha!"

☺

En la sala de un consultorio veterinario se encuentran dos perros. Uno de ellos, un hermoso pastor alemán de campeonato y el otro un doberman igualmente grande y bello. El pastor alemán le pregunta al doberman:
-"¿Por qué estás aquí?"
A lo que el otro le contesta:
-"Bueno, a mí me van a sacrificar..."
-"¡Carajo! Y, ¿por qué?"
-"Bueno, el caso es que le mordí la manita a la bebita de mi dueño y..."
-"Oye, eso no es motivo... ¿no te pueden perdonar?"
-"Lo que pasa es que la bebita tiene tres meses y casi le arranque la mano..."
-"¡Dios mío! ¿Y por qué hiciste eso?"
-"No sé, sentí provocación... Pero dime, ¿y por qué estas tú aquí?"
-"Bueno, lo mío fue también cosa de provocación. Resulta que me estaba bañando con mi dueño, él se agachó para recoger el jabón y no me aguanté, me le

subí por detrás, lo sujete con mis patas y lo violé..."
-"¡En la madre! ¡Segurito que a ti también te van a sacrificar!"
-"No, a mí me trajeron para cortarme las uñas..."

☺

Estaba un día en la selva un chango pasándola de poca madre cuando de repente empieza a llover. El chango desesperado porque se está mojando, se acerca a la casa del pajarito, toca a la puerta y le pide que lo deje entrar porque se está mojando, a lo que el pajarito responde que no.
Pasa el tiempo y la lluvia se pone más cabrona, así que el chango ilusionado que el pajarito cambió de opinión se acerca otra vez y le pide que lo deje entrar, a lo que el pajarito en un tono más firme que no.
Vuelve a pasar un rato y la lluvia está de no mames, el chango empapado se vuelve a acercar a la casa del pajarito y le suplica que lo deje entrar porque está escurriendo, y el pajarito le vuelve a responder con un tono aún más firme que no.
La moraleja de ésta historia es que: E*ntre más mojado está el chango, más firme se pone el pajarito.*

☺

Una mañana el señor Morales se despertó y vio que en el árbol de su casa estaba trepado un gorila enorme. Asustado buscó en la sección amarilla ayuda y encontró un servicio de manejo de animales peligrosos, así

que marcó el número.
-"¿Es un gorila macho o hembra?", le preguntaron.
-"Macho", contestó.
Una hora después se aparece en su casa una camioneta de la cual baja un tipo flaco cargando un palo largo, un perro chihuahueño muy bravo, una escopeta y unas esposas. Muy serio le dice al señor Morales:
-"Mire usted señor, voy a subir al árbol y voy a empujar al gorila con el palo, en cuanto caiga del árbol el perro chihuahueño se le aventará y le morderá los testículos. Cuando el gorila trate de protegerse y cruce las manos usted le pondrá las esposas ¡y listo! ¿Entendido?"
Y el señor Morales contestó:
-"Muy bien pero, ¿qué hago con la escopeta?"
-"Si caigo del árbol antes que el gorila, ¡dispárele al pinche chihuahueño por favor!"

☺

Le dice un puerquito a su mamá:
-"Oye madre, ¿por qué tengo un hoyo en la colita?"
-"Porque si lo tuvieras en la espalda, serías alcancía ¡estúpido!"

☺

Una señora llega toda angustiada con su amiga y le dice que el gato que compró la tiene aburrida y la amiga le sugiere deshacerse de él yendo al basurero municipal y allí lo dejara, y la otra estuvo de acuerdo. Al día siguiente llega triste de nuevo, y la amiga le pregunta

qué había pasado con el gato y esta le contesta:
-"El pinche gato volvió a la casa y no se perdió".
-"Esta vez, vas al basurero, más adelante vas a encontrar un lago, dale 2 vueltas y déjalo en el árbol que está diagonal al lago, y verás que el gato no vuelve más a tu casa".
Al día siguiente llega otra vez triste y le dice:
-"El pinche gato volvió a la casa".
-"Bueno, esta vez te vas al basurero, llegas y le das dos vueltas al lago, llegas al árbol, pasas por el puente, te metes por un túnel negro que allí hay, al salir, bajas las escaleras que te llevan al zoológico das 30 pasos sales por la puerta de emergencia, lo dejas en el pozo y verás que el gato no vuelve más a la casa".
Al otro día llega la amiga, y la otra le pregunta:
-"¿Qué pasó?".
-"¡No te pases! Si no es por el pinche gato... ¡me pierdo!"

☺

Estaban el ratoncito y su amigo el burro una tarde caminando por la selva sosteniendo una animada charla. Se encontraban tan distraídos que el burro no vio las arenas movedizas y cayó en ellas... Comenzó a dar alaridos:
-"Amigo ratón, ¡ayúdame! ¡Ayúdame por favor!"
El ratoncito se desesperó, no sabía qué hacer. De pronto una magnífica idea llegó a su cabeza:
-"Espérame un instante, amigo burro, ¡ya regreso!"

El ratoncito corrió como loco hasta su casa y saco su Mercedes Benz 450; raudamente regresó junto a las arenas movedizas, se bajó del carro y amarró la cola del burro a la defensa del Mercedes Benz, se subió, puso primera y arrancó con delicadeza. Después de un par de intentos, logró sacar a su amigo de las arenas. Todo fue júbilo y fiesta, el burro reconoció que no existía nadie mejor ni más ingenioso que su amigo el ratón:

-"¡Amigo ratón, eres lo mejor del mundo!", le dijo abrazándolo.

Un año después caminando de nuevo por la selva en animada charla, fue el ratón quien se deslizó por las arenas movedizas. Los alaridos se escucharon por toda la jungla:

-"¡Ayúdame amigo burro! ¡Recuerda que hace un año yo te saqué de aquí!"

De golpe, una idea brillante se le ocurrió al burro... Sacó su enorme miembro y lo depositó sobre las arenas y le dijo al ratoncito:

-"¡Agárrate amigo ratón! ¡Agárrate fuerte de él y yo te saco!"

Con un enorme esfuerzo, el ratoncito logró aferrarse al enorme miembro del burro, éste retrocedió y logró sacar a su amigo. Ambos se abrazaron emotivamente y saltaron de júbilo.

La moraleja de esta historioa es: "Si lo tienes grande no necesitas un Mercedes".

☺

Un pollito paseaba distraído por el campo cuando de repente un gavilán comienza a volar en círculos por encima de él con la obvia intención de comérselo. Al darse cuenta, el pollito se refugia debajo de una vaca y le pide que lo proteja del ave rapaz. La vaca le defeca encima, para ocultarlo de la vista del gavilán.
-"Yo te pido ayuda y tú me cagas", pía el pollito, sacando la cabeza por entre la bosta y protestándole a viva voz a la vaca. Cuando lo escucha, el gavilán se abalanza sobre él, lo desentierra de la bosta y se lo come.
Moraleja 1: No siempre el que te caga es tu enemigo.
Moraleja 2: No todo el que te saca de la mierda es tu amigo.
Moraleja 3: Si estás cubierto de mierda hasta la coronilla, pero a salvo, no digas ni pío.

☺

Un cuervo se encontraba sentado sobre la copa de un árbol sin hacer nada todo el día. Un conejo advierte esto, se acerca y le pregunta al cuervo:
-"¿Puedo hacer lo mismo que tú; estar sentado y sin hacer nada?".
-"Claro, claro...", responde el cuervo.
El conejo se sienta a descansar y, sin aviso, de entre los árboles salta un lobo que se lo come de un bocado.
Moraleja: para estar sentado sin hacer nada todo el día, es necesario estar muy, muy alto.

☺

Un señor está en su mejor ronquido cuando suena el teléfono de repente a las 3 de la madrugada...
-"Hola, es Arístides, el capataz de su hacienda".
-"Hola Arístides, ¿pasó alguna cosa grave?"
-"No nada Doctor, ¡sólo le quería avisar que su lorito se murió!"
-"¿Mi lorito? ¿Aquel precioso loro que ganó el concurso el mes pasado?"
-"Sí, ese mismo".
-"Que lástima, yo había pagado una pequeña fortuna... pero, ¿de qué murió?"
-"Comió carne echada a perder"
-"¿Carne echada a perder? ¿Quién le dio carne echada a perder?"
-"Nadie... Él se la comió de uno de los caballos que estaban muertos".
-"¿Cuáles caballos?"
-"Dos de sus caballos pura sangre. Ellos murieron de cansancio, de tanto jalar la cisterna de agua".
-"¿Jalando la cisterna? ¿Para qué jalaban la cisterna de agua?"
-"Para apagar el fuego".
-"¿Fuego? ¿Dónde?"
-"En su casa... una vela se cayó en la cortina y agarró el fuego".
-"¿Vela? ¿Pero quién encendió una vela en mi casa si tiene electricidad?"
-"Fue un cirio del velorio".
-"¿Velorio? ¡Nò mames! ¿Cuál velorio?"

-"Sí, el velorio de su mamá... ella llegó en la madrugada sin avisar y yo le disparé pensando que era un ladrón".
-"¡No, cabrón! ¡No es posible...!"
-"Hombre mi señor, no haga tanto pedo por un pinche lorito..."

☺

Muchas personas amamos a los gatos y nos duele verlos enfermos. Por eso les informo la manera más sencilla de darles su pastilla:
1) Tome al gato y acúnelo con su brazo izquierdo como si estuviera sosteniendo a un bebé. Posicione los dedos índice y pulgar de su mano izquierda para aplicar una suave presión a las mejillas del gato mientras sostiene la píldora con la derecha. Cuando el gato abra la boca, arroje la píldora dentro. Permítale cerrar la boca con el fin de que trague la píldora.
2) Levante la píldora del suelo y al gato de detrás del sofá. Vuelva a acunar al gato y repita el proceso.
3) Traiga al gato del dormitorio y tire la píldora baboseada a la basura.
4) Tome una nueva píldora de la caja, acune al gato, ahora en su brazo derecho, manteniendo las patas traseras firmemente sujetas con su mano izquierda. Fuerce la apertura de mandíbulas y empuje la píldora dentro de la boca con su dedo pulgar. Mantenga la boca del gato cerrada mientras cuenta hasta diez.
5) Saque la píldora de la pecera y al gato de encima del armario. Llame a su esposa.

6) Arrodíllese en el suelo con el gato firmemente sostenido entre sus rodillas. Mantenga las patas traseras y delanteras quietas (las del gato, no las suyas). Ignore los gruñidos que el gato emite. Pídale a su esposa que sostenga la cabeza del minino con una mano mientras le abre la boca con una regla de madera. Arroje la píldora dentro y frote vigorosamente la garganta del gato.
7) Saque al gato del cortinero. Traiga otra píldora de la caja. Recuerde comprar una nueva regla y reparar las cortinas. Barra cuidadosamente los trozos de figuras de porcelana para pegarlos luego.
8) Envuelva al gato en una toalla grande y pídale a su esposa que lo mantenga estirado, con sólo la cabeza visible. Ponga la píldora en un popote. Abra la boca del gato con un lápiz. Ponga un extremo del popote en la boca del gato y el otro en la suya. Sople.
9) Verifique las indicaciones en la "cajita" del medicamento para asegurarse de que la píldora no es dañina para seres humanos. Beba un vaso de agua para recuperar el sentido del gusto. Aplique vendaje a los brazos de su esposa y limpie la sangre de la alfombra con agua fría y jabón.
10) Traiga el gato del tejado del vecino. Tome otra píldora. Ponga el gato en el armario y cierre la puerta sobre su cuello, dejando sólo la cabeza fuera del mismo. Fuerce la apertura de la boca con una cuchara de postre. Arroje la píldora en su interior con una liga.
11) Vaya al garaje a buscar un destornillador para volver a colocar la puerta del armario en sus bisagras. Aplí-

quese compresas frías en las mejillas y verifique cuándo se aplicó la última antitetánica. Meta la camisa que tenía puesta en el lavarropas y tome una limpia del dormitorio.

12) Llame a los bomberos para bajar al gato del árbol de la calle de enfrente. Pida disculpas a su vecino, que se estrelló contra su reja tratando de escapar del gato furioso. Tome la última píldora de la caja.

13) Ate las patas delanteras del gato a las traseras con una cuerda. Amárrelo firmemente a la pata de la mesa de la cocina. Busque guantes de trabajo pesado. Mantenga la boca del gato abierta con una pequeña palanca. Ponga la píldora en la boca seguida de un gran trozo de carne. Mantenga la cabeza vertical y vierta medio litro de agua a través de la garganta del gato para que trague la píldora.

14) Haga que su esposa, si es que puede conducir, lo lleve a la sala de emergencias. Siéntese tranquilamente mientras el doctor le venda dedos y frente, y mientras le sacan la píldora del ojo. En el camino de vuelta, deténgase en la mueblería para comprar una nueva mesa.

15) Haga un arreglo con un estudio de arquitectura para redecorar la casa y llame al veterinario para averiguar si tiene algún hámster (o similar) para vender.

☺

De Diversas Nacionalidades...

Están en un concurso un ruso, un americano y un mexicano para ver quién aguantaba más azotes. Empezó el ruso quien habiendo recibido los azotes se quejaba cada vez más hasta que cumplió los 100. El americano, como buen infante de marina, sólo después de recibir 150 azotes, pegó un gran grito y cayó desmayado. El mexicano... 100,... 150,... 200,... al llegar a los 250 lo declararon vencedor. Y como siempre los mexicanos y su porra no se hicieron esperar:

-"¡El mudo, el mudo, ra, ra, ra!"

Nuevo Gobierno en Japón:
Presidente: Mikago Entumare
Vicepresidente: Marika Kesuno
Secretario General: Niputo Kesoy
Ministro de Sanidad y Salud: Nikomo Nikago
Ministro de Trabajo: Nikito Nipongo
Ministro de Relaciones Exteriores: Dakosa Taodida
Ministro de Fuerza Aerea: Sikaigo Mimato
Ministro de Hacienda: Mikedo Kontodo
Ministro de Educación: Niselo Kepasa
Ministro de Agricultura: Minabo Taduro
Vocero Oficial: Atoma Pekulo
Ministro del Medio Ambiente: Sinozono Yonifumo

☺

Grafitis de Gente Famosa:
Estoy rodeado de animales. (Noe).
Saquen una hoja. (Adán).
Lo importante es aquello que cada persona lleva en su interior. (Jack el Destripador).
Mi papá es un viejo rabo verde. (El increíble Hulk).
Nunca pude estudiar derecho. (El Jorobado de Notre Dame).
No a la donación de órganos. (Yamaha).
¡Abajo las drogas! (Los del sótano).
Estoy hecho pedazos. (Frankenstein).
Nuestra madre es una loba. (Rómulo y Remo).
Si hay algo que me revienta son las ruedas de los camiones. (Un sapo).

Muera Goodyear. (El mismo sapo).
Me gusta el olor a pata. (Donald).
No veo la hora de irme. (José Feliciano).
¡No hay que perder la cabeza! (María Antonieta).
Si hay algo que me revienta son los alfileres. (Un globo).
Dejad que los niños vengan a mí. (Michael Jackson).
Al fin solos. (El Llanero Solitario).
Seamos claros. (Un albino).
No me gusta la carne quemada. (Juana de Arco).

☺

En una convención internacional, toca el turno de hablar a un argentino y comienza su discurso diciendo:
-"Yo soy Diego y soy argentino de Argentina".
Uno de los asistentes le interrumpe:
-"Mira que Juan ha dicho que es guatemalteco y entendemos que es de Guatemala, Fernando ha dicho que es peruano y entendemos que es de Perú, así que ¿por qué dices que eres argentino de Argentina?"
-"Che, lo que pasa es que el otro día me han dicho argentino de mierda".

☺

¿Sabes lo que sale de la cruza de un sabio y una prostituta? Un argentino, porque los hijos de la fregada creen que todo lo saben.

☺

¿Por qué en la Argentina nunca van a sufrir con los terremotos?
Porque ni la Tierra los traga.

☺

Resulta que iban tres hombres en una nube viajando por el cielo. Entonces, para saber por dónde andaban, debían tantear con la mano para ver si reconocían su paradero. Uno de ellos baja la mano y dice:
-"Estamos pasando por París".
Los otros le preguntan:
-"¿Cómo sabes?"
Y él dice:
-"Toqué la Torre Eiffel".
-"¡Que bien!", responden.
Más tarde otro de ellos dice:
-"Ahora estamos pasando por Nueva York".
-"¿Cómo sabes?"
-"Toqué la Estatua de la Libertad".
-"¡Qué bien!", responden los otros.
Más tarde el tercero grita:
-"¡Estamos pasando por Argentina!"
Y los otros dos preguntan:
-"¿Qué? ¿Tocaste el Obelisco?"
-"No... ¡Me robaron los anillos!"

☺

¿Cómo comienzan los argentinos sus cartas de amor?
"Ya sé que me extrañas..."

Un argentino se encontraba haciendo el amor con su novia cuando ella dice:
-"¡Ay! ¡Dios mío!"
Y él responde:
-"Bueno... en la intimidad me puedes llamar Oscar".

☺

¿Por qué los argentinos quieren ser astronautas?
Para ver como es la Tierra sin ellos.

☺

¿Qué resulta del cruce entre un gallego y una argentina?
Un conserje que se cree dueño del edificio.

☺

Un argentino se encuentra con otro, que es su conocido, entonces le pregunta:
-"Che, ¿tienes un encendedor?"
-"Espérate que busco", responde el otro y empieza a buscar en los bolsillos del pantalón, en el de la camisa, los bolsillos del saco y sigue tocándose mientras le contesta al otro.
-"Che, parece que no tengo encendedor... pero ¡qué bueno estoy!"

☺

Un argentino va a una farmacia de turno:
-"Che pibe, ¿me das 40 condones?"
El vendedor abre un cajón y cuenta:

-"...33, 34, 35. Lo siento señor, sólo me quedan 35".
-"¡Ya me arruinaste la noche! Pero bueno, dámelos".

☺

¿Por qué a un argentino no le puede dar SIDA?
Porque Dios no castiga dos veces.

☺

Un niño argentino le dice a su padre:
-"¡Papá, papá!... ¡Cuando crezca quiero ser como vos!"
El padre todo orgulloso le contesta:
-"Y sí, no me sorprende, ¿pero por qué exactamente?"
-"¡Para tener un pibe como yo!"

☺

Están hablando un mexicano y un argentino:
-"Che... ¡no sabes! Tengo una cruz con Jesucristo atrás de mi cama y cuando hago el amor, Jesucristo se baja de ella y me aplaude".
-"Pues mira... yo tengo un cuadro de la última cena de los apóstoles".
-"Che... y no me digas que te aplauden".
-"Pues no... me hacen la ola, pinche mamón".

☺

¿Qué diferencia hay entre un argentino y una pila?
La pila tiene un lado positivo.

☺

¿Por qué un argentino mira al cielo y sonríe cuando relampaguea?
Porque cree que Dios le está sacando fotos.

☺

¿Cuál es el juguete favorito de los argentinos?
El yo-yo.

☺

En una granja californiana se suben a un Ford Explorer un mexicano, un salvadoreño, un guatemalteco y un hondureño. ¿Quién maneja?
Respuesta: La Migra

☺

Si la vita e grande, tutto va bene... Avanti con il Pene.
Ma si la situazzione e dificile y la forza mengua... Avanti con la Lengua.
Si questa posizione si torna imposible e tutto intento inhumano... Avanti con la mano.
Ma si niente funziona e tutto intento nulo... Avanti con el Culo.
Ma' siempre Avanti.

☺

Luego de intensos estudios y largas investigaciones, los doctores en meología, el ruso Urinoski y el japonés Temeotukuka, han definido el carácter del hombre según su forma de orinar y han hecho una realidad la frase "Dime cómo meas y te diré quién eres". Las conclusiones a las que han llegado son las siguientes:

1. El Científico. Mira al suelo mientras mea y al mismo tiempo examina las burbujas y hace experimentos sobre la presión del chorro contra magnitud del pujo.
2. El Despreocupado. Mea toda la parte externa del inodoro o se mea en el lavamanos si encuentra todas las tazas ocupadas.
3. El Distraído. Se desabrocha la bragueta, se saca una punta de la camisa y se mea en los pantalones.
4. El Débil. Dura varios minutos buscándosela entre la bragueta y al final decide bajarse por completo los pantalones para poder sacarla.
5. El Fanfarrón. Se desabrocha cinco botones para sacársela cuando dos hubieran sido suficientes.
6. El Infantil. Dirige el chorro hacia arriba y hacia abajo, intentando llegar más alto o cazar un insecto.
7. El Insidioso. Deja escapar un silencioso pedo, luego olfatea y mira acusadoramente al vecino.
8. El Nervioso. No encuentra la bragueta, se desgarra el cinturón y se arranca los botones o la cremallera.
9. El Práctico. Mea sin agarrársela y al mismo tiempo se arregla la corbata.
10. El Pulcro. Se la saca con dos deditos, hace bajar la taza antes y después de orinar, luego dura 5 minutos lavándose las manos.
11. El Sociable. Le gusta juntarse con los amigos para una meada social y colectiva.
12. El Confundido. Le gusta orinar sentado en la taza

por si acaso quiere salir otra cosa.
13. El Disfrutador. Cuando orina lanza unos suspiros de alivio que cualquiera cree está masturbándose.
14. El Tímido. No puede mear cuando alguien lo mira, hace como si ya hubiera meado, se cierra la bragueta y se escabulle silenciosamente.
15. El Somnoliento. Se mea los pantalones y los zapatos, luego se va con la bragueta abierta y no se da cuenta hasta que alguien se lo advierte.

☺

Están dos chinos caminando por las calles de Nueva York. En eso pasan por un lugar de esos donde hay mucha diversión, con mujeres de muy poca ropa. Como no querían gastar mucho dinero, acuerdan que uno de ellos entre y, si está bueno el lugar, le avisa al otro que entre. Entra uno de los chinos y se da cuenta de que está en el paraíso. Mujeres completamente desnudas bailando, cada uno de los clientes tenía una mujer acompañándolo en la mesa, buena música, etc. El chino queda tan maravillado, que se olvida de su amigo. Después de una hora se acuerda y le escribe un mensaje en una servilleta y llama a un mesero para que le pase el mensaje al chino que estaba afuera. El mesero ve un mensaje todo raro pero acepta. Sale y le da la servilleta al chino, éste lo lee e inmediatamente entra al lugar corriendo. El mesero se aproxima después al chino que le había dado el mensaje y le pregunta:
-"Oiga, fue increíble la reacción de su amigo... si nó es

mucha indiscreción ¿qué significaba ese mensaje?"
-"Clalo que sí", contesta el chino, "aquí tenel mensaje, podel leel".
El mensaje era el siguiente:

61	÷	+	20
31	+	41	20
41	31		20

-"Disculpe, pero ¿qué significan estos números?", pregunta el mesero.
-"Está esclito a lo chino honolable señol, se lee de aliba a abajo y de izquielda a delecha. Dice: Sesenta uno, Tenta uno, Calenta uno. Entle. Más. Tenta uno. Más. Calenta uno. Vente. Vente. Vente".

☺

Para garantizar la transparencia de las elecciones presidenciales del año 2006, la Secretaría de Gobernación ha autorizado la presencia de reconocidos observadores internacionales, venidos de todo el mundo. A continuación, y antes de que los medios lo notifiquen oficialmente, les proporcionaré la lista de observadores internacionales autorizados, donde se aprecia, del lado izquierdo, el país de origen, y del lado derecho, el nombre del observador que representa dicho país. Por favor, no difundan esta lista, ya que es información confidencial de la Secretaría de Gobernación.

Alemania	Herr Doktor Otto Von Frauden
Irán	Ayatole Koneldedo
Uruguay	Dino Sauri

Finlandia	Aytrin Kette
Arabia Saudita	Elim Postor
República Checa	Ivana Jodernos
País Vasco	Bastar de la Chingoitia
Tanzania	Amen Tiriso
Cuba	Silvio Panada
Líbano	Mestafa Al-Botar
Uganda	Mewele Alomimo
Panamá	Many Puleo
Brasil	T. del Facao do Nascimento
India	Gandhi Sima Farsa
Rumania	Robele Sinolopescu
Portugal	Santiago de Trampinha
Corea del Norte	Chin Guen Sen
Corea del Sur	Kuan Do No
Japón	Tekito Tuboto
Vietnam	Jo Dan Se
USA	Johnny Miro
Francia	Pierre D'elpan
Italia	Massimo Atraco
Rusia	Ivana Timar
Holanda	T. Van Staffar
Senegal	Kewe Botes
Pakistán	Har Kachirul
Argentina	Viola Casillas
Israél	Abraham Urnas
España	Paco R. Ovando
Grecia	Hurto Sineskroupoulos y Akylos Transo

Tres náufragos en una isla: un alemán, un norteamericano y un mexicano. Pasan los meses y se empiezan a morir de hambre, entonces el alemán en un gesto heroico, agarra un cuchillo y se corta el hombro. Y los demás dicen:
-"Oh, un lomito alemán". Y se arman un rico asado.
Pasan los meses hasta que el norteamericano se corta el culo:
-"¡Oh, qué rico roast beef!". Y se lo comen a gusto.
Y pasan más meses, entonces el mexicano se baja los pantalones, se baja el calzoncillo y saca el miembro:
-"¡Oh! ¡Hot Dog!", dicen los otros.
Y el mexicano les responde:
-"No, ¡qué Hot Dog ni qué la fregada!, ¡un vaso de leche caliente y a la camita!"

☺

El Papa en su visita a Cuba comentó lo siguiente:
-"¡Pueblo de Cuba! Los felicito por su líder Fidel, se parece a Jesucristo".
Y el pueblo grita entusiasmado:
-"Viva Fidel, Viva Fidel".
-"Tiene los mismos ojos", dice su Santidad.
-"Viva Fidel, Viva Fidel", vuelve a gritar la gente.
-"Tiene los mismos labios", afirma el Pontífice.
-"Viva Fidel, Viva Fidel", exclaman los cubanitos.
-"Tiene la misma barba", afirma el Papa.
-"Viva Fidel, Viva Fidel", gritan casi llorando de la emoción.

Después de una pausa emotiva, el Papa les dice:
-"Entonces hijos, ¡qué carajo esperan para crucificarlo!"

☺

Cuando el Papa salía de Cuba le dijo a Fidel que abriera un importante mensaje que le dejaba en una caja. Que lo descifrara tan pronto él saliera de Cuba. Y efectivamente, en una caja, el Papa le dejó una foto de Fidel, una foto de Walter Mercado, un poco de sal y el mapa de Cuba. Durante varias horas, tanto Fidel como el resto de sus allegados trataron de descifrar el mensaje sin poder lograrlo. Finalmente, una guajira experta en ritos, cartas, espíritus etc., llegó a la oficina de Fidel para leer el mensaje. Todos muy atentos le mostraron la caja con la foto de Fidel, la de Walter Mercado, la sal y el mapa de Cuba. La guajira se inclinó observó y les dijo:
-"Fidel... Maricón... ¡Sal de Cuba!"

☺

Fidel muere y llega al cielo, pero no estaba en la lista así que San Pedro lo manda al infierno. Cuando llega al infierno Satanás lo recibe y le dice:
-"¡Hola Fidel! Te estaba esperando. Pasa que acá estarás como en casa".
Fidel le responde:
-"Gracias, Satanás, pero estuve primero en el cielo y dejé olvidadas mis maletas allá".
-"No te preocupes", replica Satanás, "voy a enviar a dos diablitos a recoger tus cosas".

De esta manera dos diablitos llegan a las puertas del cielo pero las encuentran cerradas pues San Pedro estaba almorzando.
-"No importa", le dice uno al otro, "trepamos la puerta y sacamos las maletas sin molestar a nadie".
Empiezan a subir la puerta cuando dos angelitos que pasaban por allí los ven y un angelito le dice al otro:
-"No hace ni diez minutos que Fidel está en el infierno y ya tenemos refugiados pidiendo asilo".

☺

Un inglés, un japonés y un mexicano hablaban sobre los avances de la medicina en sus países. El inglés dice:
-"En Inglaterra hemos llegado hasta el punto donde podemos agarrar un hígado, cortarlo en seis trozos y transplantarlo a seis pacientes... y al día siguiente, ¡tenemos a seis personas fuertes buscando trabajo!".
El japonés dice:
-"Bueno, eso no es nada. En Japón hemos conseguido implantar 16 trozos de pulmón en 16 pacientes, y al día siguiente, ¡tenemos a 16 personas fuertes buscando trabajo!"
El mexicano replica:
-"Pues nosotros hemos llegado mucho más lejos. Lo único que tenemos que hacer es elegir un nuevo presidente, y al día siguiente, ¡tenemos cien millones de personas buscando trabajo!"

☺

Un día se encontraron dos muy buenos amigos cubanos y uno le pregunta al otro:
-"Oye, me puedes explicar la diferencia entre lo que es justo y lo que es correcto".
-"Ah, pues mira chico, es muy sencillo; agarra una banana, te la metes en la cola, te va a quedar justo... pero no es correcto".

☺

Clases de Portugués:

Supositorio	Chupón Do Traseiro
Brassier	Amaca Da Teteira y Chicheiro
Calzoncillo	Amaca Do Boleiro
Diarrea	Catarata Du Traseiro
Cabello	Caminu Du Piojo
Tanga	Casimiro Tuculeiro

Clases de Alemán:

Noche de Bodas:	Desvirgensen
Suegra	Ajjjj
Conjunto de Árboles	Boshke

Clases de Africano:

Diarrea	Abunda Lacaca
Cementerio	Tumba Tumba
Pan	Bimbo Bimbo
No estoy de acuerdo	Mopongo
Hueles a sudor	Tubaranda Metumba
Violación	Letumbo Latanga
Beso	Chupame Labemba
Esposa	Chinga Chinga

Clases de Japonés:

Hemorroides	Michiko Meyora
Bomba atómica	Nikaka Keda
Café amargo	Takara Lazukar
Pedo con escolta	Tunalga Teyora
Sacerdote	Nosaka Nipone
Dentista	Tekuro Tuociko
Eyaculación precoz	Yatah
Insatisfacción sexual	Komo Ke Yatah?
Fin	Sakabo
Proctólogo	Techeko Elchiko
Piloto	Popoko Memato
Ginecólogo	Yosi Cojothuchichita yTetoko Tuhoyito
Prostituta	Sinokojo Nokomo

Clases de Italiano:

Bigote	Trampolini Di Moco
Calzoncillo	Lacasita Di Lamiacosita

Clases de Árabe:

Hazme Tuya	Mojame Laraja

☺

Llega un indio piel roja a un burdel. Toca la puerta. Le abre la encargada del lugar y al ver su vestimenta, guaraches y plumas le dice:
-"¿Qué se te ofrece?"
A lo que de inmediato contesta el indio:
-"¡Indio querer mujer!"
La manager de las nenas le contesta:

-"Bueno, y ¿ya tienes experiencia?"
A lo que el indio responde:
-"¡No!"
Entonces la dama le dice:
-"Pues vete allá a la sierra donde vives, búscate un tronco de árbol que tenga un agujero... practicas ahí por un mes y luego vuelves, ¿eh?"
El indio se va, hace lo que la mujer le dijo y regresa al burdel. Pero cuando regresó llevaba una tabla bien gruesa debajo del brazo. Toca, le abre la encargada de las nenas y le pregunta qué se le ofrece, y el indio le dice:
-"Indio querer mujer, ¡ya tener experiencia!"
La mujer lo pasa, y le grita a Rosario para que atienda al indio. Se suben al cuarto, Rosario se pone su negligé, se hinca en la cama para acostarse cuando de repente el indio le da tremendo tablazo en las nalgas. Rosario muy enojada y sobándose su trasero le dice al indio:
-"¿Pero, qué te pasa?, ¡indio pendejo!, mira nomás, ¡hasta al suelo me aventaste cabrón! ¿Por qué me pegaste con la tabla?"
El indio muy serio, parado a la orilla de la cama le contesta a la mujer:
-"¡Indio querer asegurarse de que tú no tener avispas en el agujero!"

☺

Existían 10 islas desiertas en el medio de la nada, en donde las siguientes personas tuvieron que quedarse:
Isla desierta 1: 2 italianos y 1 italiana.

Isla desierta 2: 2 franceses y 1 francesa.
Isla desierta 3: 2 alemanes y 1 alemana.
Isla desierta 4: 2 griegos y 1 griega.
Isla desierta 5: 2 ingleses y 1 inglesa.
Isla desierta 6: 2 búlgaros y una búlgara.
Isla desierta 7: 2 gringos y 1 gringa.
Isla desierta 8: 2 japoneses y una japonesa.
Isla desierta 9: 2 irlandeses y una irlandesa.
Isla desierta 10: 2 mexicanos y una mexicana.
Un mes después, en estas islas desiertas en medio de la nada ocurrió lo siguiente:
Isla 1: un italiano mató al otro para quedarse con la italiana.
Isla 2: los dos franceses y la francesa viven muy felices en un *menage a trois*.
Isla 3: los dos alemanes hicieron una programación semanal donde alternan tener sexo con la alemana.
Isla 4: los dos griegos duermen juntos, mientras la griega está haciendo la limpieza y cocinando para ellos.
Isla 5: los dos ingleses están esperando que llegue alguien para que les presente a la inglesa.
Isla 6: los dos búlgaros miraron el mar y después miraron a la búlgara, miraron al mar nuevamente y comenzaron a nadar.
Isla 7: los dos gringos están admirando las virtudes del suicidio mientras que la gringa sigue hablando de ella, de la verdadera naturaleza del feminismo, de cómo ella puede hacer todo lo que ellos hacen, de las necesidades de enriquecimiento interior, de la igualdad, de la divi-

sión de las tareas domésticas, de cómo su último amante respetaba su opinión, etc.
Isla 8: los dos japoneses pasaron un fax por su teléfono multimedia de alta tercnología para Tokio y están esperando instrucciones.
Isla 9: los 2 irlandeses dividieron la isla en Norte y Sur, donde cada uno abrió una destilería. Ellos no recuerdan si tienen o no tienen sexo con la irlandesa después de unos litros de whisky de Coco. Pero ellos están satisfechos porque los ingleses no están ahí.
Isla 10: cada mexicano piensa que la mexicana tiene sexo sólo con él.

☺

Dicen que el pequeño Elian le envió una carta a su papá en Cuba. La carta solo decía: "ELIAN". El padre emocionado se dirigió al Palacio de Gobierno y solicitó que Fidel le interpretara el significado de esto, a lo que Fidel dijo:
-"Lo que él quiere decir es:
E spero
L uchen
I ntensamente
A nte
N orteamericanos".
El papá llamó al pequeño a Miami y le dijo a su hijo que seguirían luchando por él, a lo que el muchacho preguntó qué es lo que había interpretado. El padre le dijo lo que Fidel le había dicho, a lo que el niño riéndose

largamente le dijo:
-"Papá, lo que quise decir es:
E stoy
L ibre
I diota
A prende a
N adar".

☺

Un cubano regresó de Nueva York. Se encuentra a un amigo que le pregunta:
-"Oye chico, ¿y qué e' lo que ma' te gutó a ti de Niu Yolk?"
-"Oye chico pue' la Madona".
-"Ya lo creo chico, ¡Madona! ¡Qué tetas! ¡Qué nalgas! ¡La madre que la parió a esa Madona!"
-"No, chico, a mí lo que me gutó de Madona son lo Big Má, las papita fritas, la soda y juguetico".

☺

En un barco que lleva dos meses en alta mar el capitán llama a su ayudante y le pregunta:
-"¿Viene alguna mujer abordo?"
-"Ninguna, mi capitán".
-"No lo creo. ¿Cómo le hacen los marineros cuando ya no se aguantan las ganas de estar con una mujer?"
-"Mi capitán, lo hacen con el chino, el cocinero. Si usted quiere, se lo traemos".
-"¡Cómo se atreve a pensar que voy a tener relaciones

sexuales con el chino! ¡Son ustedes una bola de maricones, unas bestias!"
Le da de golpes el capitán enfurecido, y lo manda al demonio. Una semana después, lo vuelve a llamar.
-"¿Se encuentra abordo alguna mujer?"
-"No, mi capitán. Ninguna".
-"Oiga, ¿y el chino es de confianza?"
-"¡De absoluta confianza, mi capitán!"
-"Está bien. Tráigame al chino, pero le suplico discreción. Que esto quede entre usted, el chino y yo. Que nadie más se vaya a enterar".
-"¡Imposible, mi capitán! De esto se tienen que enterar por lo menos cuatro marineros más".
-"¡A chinga! ¿Y por qué se tienen que enterar cuatro marineros más?"
-"Porque son los que lo agarran. El chino no es puto".

☺

El cubano Fidel Castro manda llamar a sus consejeros más famosos: al optimista y al pesimista. El comandante pregunta al optimista:
-"Compañero, ¿qué va a pasar en los próximos años aquí en Cuba?"
-"No te vayas a enojar Fidel, pero en tres años vamos a estar comiendo mierda".
Castro se queda pensando, voltea a ver el pesimista y le pregunta:
-"¿Y tú que opinas, mi socio?"
-"Lo mismo, ¡pero no nos va a alcanzar!"

La maestra Krabaple les dice a sus alumnos:
-"El que me conteste quién dijo *no pienses qué puede hacer tu país por ti, piensa qué puedes hacer tú por tu país,* se puede ir a casa".
Bart empezó a gritar:
-"Yo sé, yo sé".
La maestra Krabaple dijo:
-"A ver, Nancy ¿quién lo dijo?".
-"John F. Kennedy".
La maestra la mandó a su casa y Bart enojado dijo:
-"Si esa puta no hubiera hablado".
La maestra enojada preguntó:
-"¿Quién dijo eso?"
Y Bart contesta:
-"Bill Clinton, ¿me puedo ir?"

☺

Una princesa inglesa con un novio egipcio, usando un teléfono portátil suizo, chocan en un túnel francés su auto alemán que tiene una máquina danesa, que va manejado por un chofer belga (de Bélgica, cochinos), el cual había ingerido whisky escocés, y que iba tratando de escapar de fotógrafos italianos que los seguían en una motocicleta japonesa, atendidos después del accidente por un doctor estadounidense y por un paramédico filipino que llevaban en su maletín medicinas brasileñas. Más claro, ni el agua. ¡Eso es globalización!

☺

Un grupo de cubanos abandonan la isla con rumbo a Miami y sus playas. En medio del viaje, uno de los cubanos (el más viejo) sufre un ataque cardiaco y pide como último deseo una bandera para despedirse de su querida Cuba. Los otros cubanos buscan un pañuelo, una playera, algo que tenga la bandera de Cuba. Después de un rato, se dan cuenta que no tenían nada con la bandera cubana, pero una joven de 20 años interrumpe diciendo que ella tiene un tatuaje de la bandera de Cuba en una nalga y se ofrece a ayudar. La muchacha se para delante del cubano y le muestra su nalga con el tatuaje de la bandera. El cubano la agarra fuertemente y besa la bandera. Acaricia la nalga y dice:
-"Mi querida Cuba, me despido con recuerdos, mi vieja Habana, mi linda tierra".
Después de un rato le dice a la joven:
-"Mira chica y ahora date la vuelta que quiero despedirme del comandante Fidel con un beso grande".

☺

Cierto día el Pentágono decide jubilar a tres generales que ya estaban bien entrados en años proponiéndoles como contrapartida 100,000 dólares por cada metro que midiesen entre 2 partes de sus cuerpos. Estas fueron las medidas de cada uno:
El primer General decide que el examinador le tome las medidas desde la planta del pie hasta lo alto de la cabeza. Después de medirle, el examinador le atribuye una cuantía de 183,000 dólares.

El segundo General decide estirar los brazos hacia los lados, manteniéndolos paralelos al suelo, y pide ser medido desde la punta de los dedos de la mano derecha hasta la punta de los dedos de la mano izquierda. El examinador le mide y le atribuye una cuantía de 205.000 dólares.
Cuando llega el turno del tercer General, para espanto general, pide ser medido de la punta del pene hasta los testículos, a lo que los presentes responden con una sonora carcajada. El examinador intenta disuadirlo durante algunos minutos, pero al ver que el general estaba firme en sus propósitos, decide concederle su voluntad, mandándole bajarse los calzoncillos. Coloca una punta de la cinta métrica en la extremidad del pene y cuando está comenzando a medir, exclama:
-"¡Pero dónde diablos están los testículos!", a lo que el general responde:
-"En Vietnam".

☺

El Embajador mexicano, señor Correa, visitó Japón con su esposa, su hija y su suegra. Antes de entrevistarse con el Primer Ministro tuvo que ser recibido por su secretario, al que le dijo:
-"Yo soy el señor Correa; ésta es mi esposa, la señora Correa; mi hija, la señorita Correa, y ésta señora no es Correa pero es la mamá".
El Secretario llevó a la familia Correa frente al Ministro y los presenta:

-"Señol Ministlo: el señol Culea, la señola Culea, la señolita Culea y la otla señola no Culea pelo mama".

☺

Llegan un hindú, un judío y un argentino a un hotel de pueblito y piden un cuarto para cada uno de ellos.
-"Solo me queda un cuarto, pero es para dos personas; pero si no les incomoda, tengo espacio en el establo para que uno se duerma ahí".
Los tres individuos deciden tomar el cuarto y en eso dice el hindú:
-"Si quieren yo me voy a dormir al establo y ustedes duerman en el cuarto".
A los cinco minutos tocan a la puerta del cuarto.
-"¿Quién es?"
-"Soy el hindú, lo que pasa es que en el establo hay una vaca y como es un animal sagrado para nosotros, no puedo dormir donde duerme una vaca".
En eso el judío dice:
-"No se preocupen compañeros, si quieren yo me duermo en el establo".
A los cinco minutos tocan a la puerta del cuarto.
-"¿Quién es?"
-"Soy el judío, lo que pasa es que en el establo hay un cerdo y es un animal desagradable para nosotros, no puedo dormir donde duerme un cerdo".
En eso el argentino dice:
-"No se preocupen amigos míos, yo me iré a dormir al establo".

A los cinco minutos tocan a la puerta.
-"¿Quién es?"
-"Somos la vaca y el cerdo. ¡No mamen!"

☺

Recientemente, se llevó a cabo una encuesta mundial donde se solicitaba respuesta a la siguiente pregunta: "Por favor díganos ¿cuál es su opinión sobre la escasez de alimentos en el resto del mundo?"
¡El resultado fue un fracaso! Las razones las siguientes:
1. En África nadie sabía qué era "alimentos".
2. En Europa Occidental nadie sabía qué era "escasez".
3. En Europa Oriental nadie supo qué era "opinión".
4. En Argentina nadie entendió qué era "Por favor".
5. En los Estados Unidos nadie supo qué era "resto del mundo".

☺

Estaban dos niños cubanos sentados en la calle cuando pasa Santa Claus arriba de ellos. El cubano más chiquito le pregunta a su hermano:
-"¿Quién eh ehe que 'ta allá arriba?"
Y el hermano le contesta:
-"Papá Noé".
Y el chiquito le contesta:
-"Mamá tampoco".

☺

Había una competencia para pasar obstáculos de alto

riesgo acuático. El primer obstáculo eran unas pirañas; luego pasar unas anguilas eléctricas; después evitar unos tiburones y, finalmente, antes de llegar a la playa, una manada de cocodrilos. El primer competidor era ruso. Empezó haciendo calistenia y cuando se lo indicaron se lanzó al agua. Se oyó solamente la porra rusa haciendo cánticos y la voz del narrador:

-"Y ahí va el competidor ruso, pasa a las pirañas, las anguilas, y... se pide un minuto de silencio por el competidor ruso".

El siguiente era norteamericano, se preparó y al lanzarse al agua se oyó a los aficionados gringos cantar el himno de EU y la voz del locutor:

-"Ahí va el competidor norteamericano, pasa a las pirañas, ahora pasa a las anguilas, sigue y va hacia los tiburones, lucha con uno de ellos, se libra, va a... ¡Oooops! Un cocodrilo lo atacó y... descanse en paz".

El tercer competidor era el mexicano, ya saben, como siempre el mejor. Se prepara y se tira. La porra gritaba emocionada:

-"Que sí, que no, que cómo chingados no... Chiquitibum a la bimbombá, etc."

Y el locutor narra:

-"Ahí va el mexicano, entra con trabajo al agua y las pirañas... se lo comen... ¡Oh!... ¡pero qué veo! Un aficionado de la porra mexicana Se tira, pasa a las pirañas, la porra lo apoya, pasa a las anguilas, libra a los tiburones, el público enloquece, escapa de los cocodrilos... ¡Ganó!"

Y el conductor se dirige a entrevistar al ganador:

-"Señor, señor... ¿Cómo le hizo para ganar? ¿Cómo se preparó para esta competencia? ¿Qué tiene que decirnos?".
El ganador mexicano, todavía sin aliento, se acerca al micrófono y dice:
-"Lo único que quiero decir es... ¡Que se vaya al diablo el que me aventó!"

☺

Mucha gente puede llegar a pensar que Plácido Domingo y Luciano Pavarotti son grandes amigos, pero la verdad se odian. Esto lo supe por un amigo que los vio platicar en el aeropuerto J. F. Kennedy de Nueva York.
-"¿Cómo estás, Plácido? Tanto tiempo sin vernos".
-"Excelente Luciano, vengo de un concierto en la Escala de Milán, el teatro completamente colmado y mi actuación fue realmente fabulosa. Tuve que salir a saludar 35 veces y una estatua de la Virgen María que se encontraba a la derecha del escenario lloró. Y tú, Luciano, ¿cómo andan tus conciertos?"
-"No sabes, Plácido, lo que fue mi concierto en esta bella ciudad de Nueva York. Canté como nunca lo había hecho, el teatro lleno, arias, canzonettas, vises y cada vez la gente aplaudía más. Tuve que salir a saludar 62 veces y, al final de los mismos, se produjo un hecho increíble: desde una Cruz tamaño natural que había al borde del escenario, se liberó Jesús y viniendo hacia mí, abrazándome me dijo: *tú si que cantas bien, no como ese hijo de p... que hizo llorar a mi mamá*".

En una cabina de tren viajaban, un mexicano, un argentino, una rubia espectacular y una gorda espantosa. Después de unos minutos de viaje, el tren pasa por un túnel y se oye el sonido de una cachetada. Cuando salieron del túnel, el argentino tenía un cachete rojo. La rubia espectacular pensó:
-"Este argentino hijo de p... me quería meter mano, se equivocó y le metió mano a la gorda que le pego una cachetada".
La gorda espantosa pensó:
-"El argentino hijo de p... le metió mano a la rubia y ésta le pegó una cachetada".
El argentino pensó:
-"Este mexicano cabrón le metió mano a la rubia y ella se equivocó y me pegó la cachetada a mí".
Y el mexicano pensó:
-"Ojalá que venga otro túnel para pegarle otro chingadazo al argentino".

☺

Un japonés había salido Campeón Mundial del Sexo. Con ese título daba conferencias en todas partes del mundo. Cuando llega a la Argentina, brinda una conferencia de prensa y responde a las inquietudes de los periodistas.
-"¿Que piensa de la mujer argentina?"
-"Tielna".
-"¿Y de la española?"
-"Aldiente".

-"¿Y de la italiana?"
-"Fogosa".
-"¿Y de la alemana?"
-"Flía".
-"¿Y la sueca?"
-"Muy piluja".
-"¿Y la belga?"
-"¡Oh, muy cansada!"

☺

En una tranquila ciudad de España vivía un reconocido torero llamado *el Curro.* Para desgracia de él, muy cerca de su casa se mudó un chino. Éste, al verlo y reconocerlo quiso saludarlo cordialmente, pero claro el chino no pronunciaba bien la erre y su saludo quedó así:
-"Buenos días señor Culo".
El Curro muy enojado lo dejó pasar por alto, pero a los días siguientes se repite una y otra vez. El Curro entonces se compra dos perros asesinos y los entrena para atacar al chino. Cuando éste se acerca a saludarlo se los manda y el chino advierte que los perros se le vienen encima y saca dos dagas de entre las ropas y se apronta para enfrentar a los perros. El Curro se da cuenta de que el chino le va a cortar a los perros, pega un chiflido y los perros entran nuevamente a la casa. Esto se repite varios días hasta que el chino cansado va a hacer la denuncia a la comisaría. El comisario le pregunta cuál es el problema y éste le dice:
-"Mile señol comisalio, mi denuncia es polque los pelos

del Culo no me dejan caminal".
El comisario sintió que se burlaba de él y le dijo:
-"Pues amigo, córteselos".
Y el chino le dice:
-"Si eso es lo que quielo hacel, pelo cada vez que los voy a coltal el Culo chifla y los pelos se van pala adentlo".

☺

Algo en qué pensar:
1. Los japoneses consumen muy poca grasa y sufren menos ataques al corazón que los británicos o los estadounidenses.
2. Por otro lado, los franceses consumen mucha grasa y también tienen menos ataques al corazón que los británicos y los estadounidenses.
3. Los japoneses toman muy poco vino tinto y sufren menos ataques al corazón que los británicos o los estadounidenses.
4. Los italianos toman cantidades excesivas de vino tinto y, también, sufren menos ataques al corazón que los británicos o los estadounidenses.
Conclusión: Come y bebe lo que quieras. ¡El hablar inglés es lo que te mata!

De Viejitos...

Un ladrón entra a un gallinero y se roba un pollito. Al escapar, se esconde el pollito dentro de su pantalón y se sube a un camión de pasajeros. El único asiento libre en el camión es al lado de una dulce anciana. Durante el viaje el ladrón siente que el pollito se va asfixiando, así que discretamente abre un poco la bragueta de su pantalón para que le entre aire al pollito. El animalito, sumamente curioso, saca su cabecita para respirar. La viejita, al bajar la mirada y ver al pollito mover la cabeza le dice al ladrón en voz baja:
-"Señor, yo no sé mucho de esto, pero para mí que ya se le reventó un *huevo*".

☺

Una viejecita fue un día al Banco de Canadá llevando un bolso lleno de dinero. Insistía en que quería hablar con el Presidente del Banco para abrir una cuenta de ahorros porque *traía mucho dinero*. Después de mucho discutir, la llevaron ante el Presidente del Banco, pues el cliente siempre tiene la razón. El Presidente del Banco le preguntó cuánto quería ingresar y ella dijo que 165,000 dólares y vacío su bolso encima de la mesa. El Presidente, naturalmente, sentía curiosidad por saber de dónde había sacado tanto dinero y le preguntó:
-"Señora, me sorprende que lleve tanto dinero encima, ¿de dónde lo ha sacado?"
La viejecita contestó:
-"Hago apuestas".
-"¿Apuestas?", preguntó el Presidente. "¿Qué tipo de apuestas?"
La viejecita contestó:
-"Bueno... por ejemplo, ¡le apuesto a usted 25,000 dólares a que sus *huevos* son cuadrados!"
El Presidente soltó una carcajada y dijo:
-"Esa es una apuesta estúpida. Usted nunca puede ganar con una apuesta de este tipo".
La viejecita lo desafió:
-"Bueno, ¿estará usted dispuesto a aceptar mi apuesta?"
-"Por supuesto. Apuesto 25,000 dólares a que mis *pelotas* no son cuadradas".
Y la viejecita dijo:
-"De acuerdo, pero como hay mucho dinero en juego, ¿puedo venir mañana a las 10:00 horas con mi abogado

para que sirva de testigo?"
-"Por supuesto", respondió el confiado Presidente.
Aquella noche el Presidente estaba muy nervioso por la apuesta y pasó largo tiempo mirándose sus *pelotas* en el espejo, volviéndose de un lado a otro, una y otra vez. Se hizo un riguroso examen y quedó absolutamente convencido de que sus *pelotas* no eran cuadradas y que ganaría la apuesta. A la mañana siguiente a las 10:00 en punto la viejecita apareció con su abogado en la oficina del Presidente. Hizo las oportunas presentaciones y repitió la apuesta de 25,000 dólares a que las pelotas del Presidente eran cuadradas. El Presidente aceptó de nuevo la apuesta y la viejecita le pidió que se bajara los pantalones para que todos las pudieran ver. El Presidente se los bajó. La viejecita se acercó y miró sus pelotas detenidamente y le preguntó si las podía tocar.
-"Bien de acuerdo", dijo el Presidente. "25,000 dólares es mucho dinero y comprendo que quiera estar absolutamente segura".
Entonces se dio cuenta de que el abogado estaba golpeándose la cabeza contra la pared. El Presidente preguntó a la viejecita:
-"¿Qué le pasa a su abogado?"
Ella contestó:
-"Nada, sólo que he apostado con él 100,000 dólares a que hoy, a las 10:00 horas, tendría las *pelotas* del Presidente del Banco de Canadá en mis manos".

☺

Iba una bondadosa anciana caminando por la calle cuando se le acerca un invidente y le dice:
-"¡Por amor de Dios, señora! ¡Una limosnita a este infeliz ciego, privado del más grande placer que hay en el mundo!"
-"¡Pobrecito!", exclama llena de compasión la viejita. "¿Cuándo lo caparon?"

☺

Un muchacho, joven, guapo y con un cuerpazo estaba desempleado y no tenía ingresos, pues acababa de terminar sus estudios y no tenía para pagar renta, agua, luz, comida, etc. Así que decidió prostituirse. Puso en la puerta un letrero que decía con letras grandes:
-"$100.00 cama, $50 catre, $25 piso".
En eso pasa una viejita y lo observa detenidamente como 30 minutos, se retira, llega a su casa y rompe el cochinito, cuenta su dinero, y se va con el joven que vende su amor; el joven detenidamente la observa y cuenta $100.00. El joven dice:
-"Mírala picarona, lo quiere en la cama".
Y la viejita sonriendo de manera traviesa le responde:
-"No mijito, ¡lo quiero cuatro veces en el piso!"

☺

Una señora de ya algunos años va al médico para ver si él le puede ayudar a revivir su vida sexual, la cual ha muerto desde hace un tiempo con su esposo. Al llegar con el doctor, éste le pregunta a la viejita:

-"¿Qué le parece si prueba el viagra?"
-"Ni pensarlo doctor. Fíjese que mi marido es incapaz de tomar una aspirina aunque se esté muriendo por un dolor de cabeza. Siempre ha sido muy necio y jamás ha tomado un solo medicamento".
-"Bueno, si su marido le teme tanto a tomar una pastillita, ¿por qué no se la disuelve en su café? Él no lo notará y verá los resultados. Inténtelo y venga a verme la siguiente semana para ver cómo le fue".
La señora sale con unas pastillas de viagra del consultorio del doctor y va a su casa decidida a intentar lo que sea por recordar viejas batallas con su marido. Una semana después la viejita llega bastante angustiada con el médico y le dice:
-"¡Doctor, doctor, todo fue horrible!"
-"¿Qué fue lo que pasó señora?"
-"Pues hice lo que usted me indicó"
-"¿Puso el viagra en el café de su esposo?"
-"Sí. Y el efecto fue inmediato. Se levantó como lanzado por una catapulta, me tomó de la cintura y me acostó en la mesa donde tomábamos café. Arrancó mis ropas con tal furia ¡y me hizo el amor como jamás lo había hecho en 35 años! ¡Fue terrible, terrible!"
-"Pero señora, ¿qué fue lo terrible del asunto?"
-"Oh, doctor, el sexo estuvo de maravilla, pero creo que jamás podremos regresar a Sanborn's a desayunar de nuevo".

☺

El anciano de 90 años llega al médico para su chequeo de rutina. El doctor le pregunta:
-"¿Cómo se siente?"
-"¡Nunca estuve mejor!", le responde. "Mi novia tiene 18 años. Ahora está embarazada y vamos a tener un hijo".
El doctor piensa por un momento y dice:
-"Permítame contarle una historia: Un cazador que nunca se perdía la temporada de caza, salió un día tan apurado de su hogar que se confundió, tomando el paraguas en vez del rifle. Cuando llegó al bosque se le apareció un gran oso. El cazador levantó el paraguas, le apuntó al oso y disparó... ¿A que no sabe qué paso?"
-"No sé", responde el anciano.
-"Pues el oso cayó muerto frente a él", concluye el doctor levantando las cejas.
-"¡Imposible!", exclama el anciano. "Alguien más debe haber disparado".
-"A ese punto quería llegar, ¡anciano pendejo!"

☺

Una anciana pareja estaba celebrando su 50 aniversario de bodas y decidieron volver al pequeño pueblo donde se habían conocido por primera vez. Sentado junto a ellos estaba el policía local que sonreía mientras los escuchaba:
-"¿Recuerdas la primera vez que hicimos el amor?, fue sobre ese prado que está al otro lado de la carretera, cuando te puse contra la valla. ¿Por qué no lo hacemos otra vez por los viejos tiempos?"

Salieron del café y cruzaron hasta el prado. El policía se sonrió pensando qué romántico era y pensó que lo mejor era que le echase un vistazo a la pareja, por si acaso se hacían daño. El viejecito cogió a su mujer cuando estuvieron desnudos y la apoyo contra la valla. El policía, que seguía mirando, no podía creer lo que veía. Con la vitalidad de una jovencita, la mujer se movía violentamente de arriba abajo, mientras el marido se convulsionaba como un salvaje. Siguieron durante un buen rato hasta que los dos cayeron al suelo exhaustos. Más tarde el policía se acercó y les dijo:

-"Ha sido la forma de hacer el amor más bonita que he visto en mi vida. Debieron ser una pareja muy salvaje cuando eran jóvenes".

-"No realmente", dijo el viejecito, "cuando nosotros éramos jóvenes esa valla no era eléctrica".

☺

Estaba toda la familia reunida en una fiesta, todos bailaban menos el abuelo, que estaba sentado en una silla. De pronto se empieza a ir de lado y todos corren a enderezarlo. A los 15 minutos nuevamente se comienza a ir de lado y los familiares corren a enderezarlo. Y como a los 15 minutos otra vez se empieza a ir de lado, entonces cuando se acercan para enderezarlo se les queda viendo y les dice:

-"Bueno ¿me van a dejar echar un pedo o qué?"

☺

El éxito es cíclico:
A los 4 años, tener éxito es no orinarte en los pantalones.
A los 12 años, tener éxito es tener amigos.
A los 20 años, tener éxito es tener relaciones sexuales.
A los 35 años, tener éxito es tener dinero.
A los 65 años, tener éxito es tener relaciones sexuales.
A los 75 años, tener éxito es tener amigos.
A los 85 años, tener éxito es no orinarte en los pantalones.

☺

Estaba un anciano dando de pastar a su rebaño de ovejas cuando de repente aparece por el inhóspito camino una camioneta 4x4 full OKM, se para frente al viejito y se baja un joven de no más de 30 años, vestido todo de negro, camisa blanca Hugo Boss y zapatos DKNY, se acerca al viejo y le dice:
-"Señor, si yo le adivino cuántas ovejas tiene en su rebaño, ¿me regala una?"
El viejo respondió con algo de asombro:
-"Si, como no".
Entonces el joven vuelve a su 4x4 y saca una Toshiba Tecra 8000 con 128MB de RAM, se conecta a la Red de Redes, baja una base de datos de 300 MB, entra a una página de la NASA, mediante un satélite identifica la zona exacta donde está el rebaño, calcula el promedio histórico del tamaño de una oveja tipo Merino mediante una tabla dinámica de Excel y con la ejecución de algunas Macros personalizadas en Visual Basic logra completar el diagrama de flujo del Microsoft Proyect y luego de tres horas le responde:

-"Usted tiene 1,347 ovejas y 4 de ellas pueden estar embarazadas".
El viejo asintió y le dijo que efectivamente así era y que se llevara su oveja. El joven tomó una oveja y la cargó en la camioneta, cuando estaba por retirarse, el viejo lo detuvo y le preguntó:
-"Disculpe, pero si yo llegara a adivinar cuál es su profesión, ¿usted me devuelve mi oveja?"
El joven le dijo sonriente:
-"Seguro hombre", mientras abría la puerta de su 4x4 para marcharse. El viejo entonces contestó:
-"Usted es consultor".
El joven sorprendido completamente comentó:
-"Exacto".
Y mientras le devolvía la oveja que había tomado preguntó:
-"¿Cómo se dio cuenta?"
Y el viejo le respondió:
-"Por 3 razones. Primero, usted vino sin que yo lo llamara. Segundo, me cobró una oveja por decirme algo que ya sé. Y tercero, se nota que no conoce nada de mi negocio, porque se estaba llevando a mi perro".

☺

Un viejito le dice a otro:
-"Tobías, ¿existen las mujeres frígidas?".
-"No, es mentira. Eso es cosa de las *malas lenguas*".

☺

Este era un viejito que muy de vez en cuando lograba tener una erección, por lo que hace tiempo no tenía sexo con su esposa. Un día que se le para y muy emocionado empieza a gritar:
-"¡Vieja, ven, apúrate! ¡Vieja corre!"
Ahí va la viejita que apenas puede, apurándose pero cuando llega resulta que el viejito ya había perdido la erección. Como a los 6 meses otra vez el viejito tiene una erección:
-"¡Vieja ándale, apúrate! ¡Ven para acá vieja!"
Y ahí va la viejita corriendo pero llega demasiado tarde. Seis meses después el viejito empieza a gritar:
-"¡Vieja corre, apúrate no pierdas tiempo!"
La viejita que no quería otra vez perderse la oportunidad va corriendo, pero ahora mientras corre se va desvistiendo para llegar lista. Total que llega medio desvestida a donde está el esposo y éste le dice:
-"Ya ni la amuelas vieja, la casa quemándose y tú con tus puterías".

☺

Estaba una pareja de ancianos que tenían 40 años de casados y la ancianita se encuentra en las últimas. La viejita dice:
-"Ay viejito, creo que ahora sí me voy".
El viejito le contesta:
-"No te apures".
La viejita dice:
-"Viejito abre el cajón del ropero y saca la cajita de ma-

dera que tengo adentro".
El viejito abre el cajón, saca la cajita de madera y encuentra 3 huevos y 100 mil dólares. Sorprendido, el anciano le preguntó que qué significaba eso. La viejita le respondió:
-"Viejito, cada vez que teníamos sexo insatisfactorio colocaba un huevo en la cajita".
El viejito asombrado responde:
-"¿Tres huevos de sexo insatisfactorio en 40 años?, ¡soy todo un cabrón!"
El viejito le pregunta:
-"¿Y los 100 mil dólares?"
Contesta la viejita:
-"Ay viejito, es que cada vez que juntaba una docena de huevos los vendía".

☺

Un hombre de 80 años va al médico a preguntarle si todavía podría tener hijos con su esposa de 70. El doctor le da un tarrito y le pide que lleve una muestra de semen. Al día siguiente vuelve el hombre:
-"Doctor, no pude traerle la muestra".
-"Bueno, era de esperarse... ¿cómo lo intentó?"
-"Primero con la mano derecha, después con la izquierda. Luego lo intentó mi señora; primero con las dos manos, luego con los dientes, pero no hubo forma... ¡no hemos conseguido abrir el tarrito!"

☺

Está un viejito viajando en el metro cuando se para en la estación de Universidad, se abren las puertas y se monta un muchacho de esos rebeldes punk con los pelos parados, pintados de todos colores, vistiendo ropa escandalosa y estrafalaria. El viejito curioso se le queda mirando fijamente hasta que el punk, todo molesto, le pregunta:

-"¿Qué demonios mira usted tanto, viejo de mierda? ¿Acaso cuando usted fue joven nunca hizo nada raro o fuera de lo común?"

Y el viejito muy serio le contesta:

-"¡Claro que sí, escuincle pendejo! Precisamente por eso te estoy viendo. Cuando tenía tu edad le hice el amor a una guacamaya y ahora estoy pensando que ¡tú puedes ser mi hijo!"

☺

Una señora que estaba cumpliendo 80 años, muy admirada porque era la única profesora de órgano en el pueblo, recibe una llamada telefónica del cura del pueblo notificándole que la visitaría por la tarde en su casa para darle la felicitación por su onomástico.

Cuando el cura llegó a la casa de la anciana, se dio cuenta que sobre el órgano que tiene la viejita en la casa, había un jarrón de vidrio lleno de agua con un condón flotando. El cura no podía creer lo que veía y trató de disimular su asombro ante la viejita. Luego de un rato hablando sobre todo lo que la viejita había hecho en 80 años de vida y haberse tomado dos cafecitos, el cura seguía

atónito viendo el condón flotando en la jarra de vidrio. No aguantó más y decidió salir de su curiosidad:
-"Perdona hijita, pero aclárame algo, ¿me podrías explicar qué es esto?", y señaló al jarrón.
-"Ah, claro que si, ¿no es maravilloso? El año pasado estaba caminando yo por el pueblo y de pronto vi un sobrecito en el piso que decía en letras muy pequeñas: Colóquelo sobre el órgano, manténgalo húmedo y prevendrá cualquier enfermedad. Y como puede ver padre, no me ha dado una sola gripe en mucho tiempo".

☺

Ahí tienen que va un avión despegando y el piloto está hablando por el micrófono:
-"Por favor absténganse de fumar, abrochen sus cinturones, apaguen sus teléfonos, etc., etc."
Total que al terminar se le olvida apagar el micrófono y empieza a decir:
-"Ahorita pongo el piloto automático, echo una caquita y me tiro a la aeromoza".
Como todo el avión estaba oyendo, la aeromoza sale corriendo para decirle que apague el micrófono y en eso le mete el pie una viejita y la aeromoza cae de hocico. Entonces voltea la viejita y le dice:
-"¡Quieta piruja! ¡Dijo que primero iba a cagar!"

☺

Dos viejitas están platicando sentadas en sus mecedoras y una le pregunta a la otra:

-"María, ¿cómo se llama el alemán que nos trae locas?"
Y María responde:
-"Alzheimer pendeja, Alzheimer".

☺

Una anciana, madre soltera, estaba desfalleciente en su lecho de muerte. Su hijo le pedía por fin le confesara quién había sido su padre, rogándole que no se muriera sin decírselo. Haciendo un esfuerzo sobrehumano la viejita le dice:
-"Pro-be-taaaaa..."
El hijo queda sorprendido y al mismo tiempo contento, y le dice:
-"Qué bueno mamá, ¡así ya no tendré que seguir buscando quién es mi papá! Además, eso significa que soy un ejemplar producto viviente de la ciencia más moderna, el primero en México y en América Latina".
A lo cual la madre le responde con gran dificultad:
-"No... Pro-be -taaa-ntos en esa época... ¡que ya no me acuerdo!"

☺

Un viejito va al médico, quejándose de su impotencia.
-"Doctor, dígame ¿qué puedo hacer para combatir la impotencia?"
El doctor al verlo muy acabado y para quitárselo pronto de encima le dice:
-"Mire abuelo, si quiere tener buenas erecciones coma mucho pan".

Así que el viejecito se mete en la primera panadería que encuentra y pide 5 kilos de pan. La vendedora extrañada le pregunta:
-"Que bien abuelo, ¿familia numerosa?"
-"No hijita, vivo solo".
-"Entonces, ¿va a organizar alguna reunión?"
-"No hijita, para nada".
-"Perdone la curiosidad", insiste la vendedora, "pero ¿para quién compra tanto pan?"
-"Pues es sólo para mí".
-"Pero abuelo, para usted solo es mucho pan, ¡se le va a poner duro!"
-"¡Ah picarona! ¿Tú también lo sabías?"

☺

Se desnudan el anciano y la anciana y dice el esposo todo sorprendido:
-"¡Ay, mi amor, cómo tienes de canas allá abajo!"
-"No son canas, son telarañas, ¡cabrón!"

☺

Llega una anciana a la cárcel el día de la visita conyugal y le dice al portero:
-"Señor vengo a la visita conyugal".
El portero asombrado le pregunta:
-"¿Pero señora, con quién?"
-"Con el que sea, me vale madre..."

☺

Dos ancianos se van a un prostíbulo. Pero ninguna de las prostitutas quería acostarse con ellos porque eran de esos viejos feos y arrugados como pasas. Así que se pusieron de acuerdo y los mandaron a cada uno a un cuarto y los engañaron poniéndoles de esas muñecas inflables que parecen mujeres de verdad.
-"De todas formas, como estos ancianos no ven nada, pues no importa...", dijo una de ellas.
El caso es que a la salida le dice un anciano al otro:
-"Oye viejo, esa prostituta que me tocó a mí sí que era fría, no hizo ni un solo gesto ni ruido".
Y le contesta el otro:
-"Pues compadre, ¡la mía era una bruja de verdad!"
-"¿Y cómo es eso tú?"
-"¡A pues porque le mordí una teta, se tiró un pedo y se fue volando!"

☺

Había una vez un tipo que cuidaba mucho de su cuerpo. Era completamente narcisista, corría 10 kilómetros por día, iba al peluquero, tomaba mucho sol, etc. Una mañana se miró en el espejo para admirar su cuerpo y notó que estaba todo bronceado a excepción de su pene. Entonces decidió hacer algo al respecto.
Fue a la playa, se desvistió completamente y se cubrió todo con arena excepto su pene, que quedó al ras del piso. Unos minutos más tarde dos pequeñas ancianas venían caminando por la playa y una de ellas usaba bastón para ayudarse a caminar. Al ver esta cosa salien-

do de la arena, la que tenía el bastón comenzó a observarlo dándole vueltas con el bastón. Al reconocer lo que era dijo:
-"No hay justicia en el mundo..."
La otra que también observaba le preguntó a qué se refería. La del bastón contestó:
-"Mira eso... a los 20 años me daba curiosidad, a los 30 me daba placer, a los 40 tenía que pedirlo, a los 50 tenía que pagarlo, a los 60 rezaba por él, a los 70 olvidé que existía... ahora que tengo 80 ¡crecen del piso y soy muy vieja para agacharme!".

☺

Un par de ancianos estaban una noche en la recámara recordando viejas épocas cuando la mujer comenta:
-"Cariño, ¿recuerdas esto?"
-"Sí amor, lo recuerdo, es el mismo negligé que usaste en nuestra luna de miel".
-"Así es, ¿y recuerdas lo que me dijiste aquella noche?"
-"Pues sí, sí lo recuerdo", dice él.
-"A ver dímelo..."
-"Bueno, te dije: hermosa, voy a chuparte esos grandes y hermosos senos hasta dejarlos secos y después te voy a hacer el amor hasta volverte loca".
-"Así es, eso fue exactamente lo que dijiste. Ahora, 45 años después, traigo el mismo negligé que usé aquella noche. ¿Qué tienes que decirme?"
El tipo la mira de arriba a abajo y le dice:
-"Misión cumplida".

Llega un joven a la farmacia con cara de angustia. La farmacia era atendida por una viejecita de aproximadamente ochenta años. El chico le dijo a la señora:
-"Señora tengo una erección permanente. ¿Qué me puede dar?"
La viejita abrió desmesuradamente sus ojos y con la voz entrecortada le respondió:
-"Mira, lo único que te puedo dar es esta farmacia y un terrenito que tengo en otra colonia".

☺

De Maricones...

Se encuentran dos maricones y le dice uno al otro:
-"¿Qué crees mana?"
-"¿Qué?", contesta la otra.
-"¡Ya estoy menstruando!"
-"Y ¿cómo le hiciste?"
-"Tomé un té de hojas".
-"¿De cuáles hojas?"
-"De esas... ¡de afeitar!"

☺

Estaban dos jotos en un café y uno le dice a otro:
-"Tengo una molestia en la cola desde ayer, ¿me revisas para ver qué tengo?"

Su compañero le contesta:
-"¿Cómo crees? Ve con un doctor".
-"Ándale, es que a ti te tengo más confianza".
-"Bueno".
Su compañero le mete la mano en la cola, saca un Rolex y le dice:
-"Ay mana es un reloj".
Y su compañero le contesta:
-"Feliz cumpleaños a ti, feliz..."

☺

Un día un flaco se muere y se va a pagar culpas al infierno. Cuando llega, asustado se retrae contra una esquina; nervioso y temeroso veía a su alrededor en espera de que lo peor pudiera suceder en cualquier momento. De pronto el diablo aparece detrás de él, y en un gesto de amistad le pone la mano sobre el hombro... El hombre salta asustado y se voltea rápidamente para encarar la posible agresión... el diablo le pregunta intrigado:
-"¿Qué pasa, hombre?, estás un poco nervioso".
-"Claro que lo estoy, no ves que estoy muerto y me enviaron acá, al infierno..."
-"Pero esto no es tan malo como crees, aquí todo es puro aliviane y diversión".
-"Pos si tú lo dices, como a ti no te hacen nada los demonios".
-"¿Qué te pasa, hombre?, ¿a poco crees que te van a torturar y te van a dar de latigazos y cosas por estilo? No hombre, aquí todo es puro relax".

-"¿No me digas?"
-"Sí claro... por ejemplo... ¿te gusta beber?"
-"Seguro... ¿por qué?"
-"Bueno, vas a amar los lunes entonces. Los lunes, todos le entramos al chupe. Whisky, tequila, vino... bebemos hasta que reventamos y luego bebemos un poquito más. ¿A poco no suena bien?"
-"Pues sí, creo que sí".
-"¿Eres fumador?"
-"Pues sí, un poco..."
-"¡Perfecto! Vas a amar los martes. Los martes, aquí, conseguimos los cigarros más finos de todo el mundo y fumamos tanto que se te seca la garganta por completo; aquí los martes fumamos hasta que todo el infierno se llena de tanto de humo que buscamos los ceniceros con faros para la niebla, aquí los martes vas a fumar hasta que los pulmones se te salgan de la tos que te va a dar... y si agarras cáncer por casualidad, bueno, no hay problema, ya estás muerto, ¿no crees?"
-"Pues, creo que ya no importa si te da cáncer..."
-"¿Verdad que no suena nada mal?"
-"No, pues no".
-"¿A ti te gusta el juego?"
-"Sí. Bastante".
-"¡Pues aquí el miércoles es tu día! Aquí jugamos de todo, ruleta, black jack, lotería... Es más, la semana pasada abrimos una mesa de strip póker..."
-"Mierda, ¿no me digas? ¡Yo jamás en mi vida he jugado Strip Póker!"

-"¡Pues aquí los miércoles te darás gusto con eso, hombre! Oye, ¿te gustan las drogas?"
-"¿Tú que crees?, pues si nací en el centro de Tepito..."
-"Pues toma los jueves como un regreso al viejo hogar... Aquí los jueves le entramos a todo lo que existe entre los alucinógenos. Si quieres te metes un balde de Crack en la cabeza o te aspiras una mesa de cocaína completa o te fumas un porro del tamaño de un submarino... ¡a nadie le importa! ¿Y las sobredosis?... despreocúpate, eso es como diría Enrique Iglesias una *experiencia religiosa,* pues si ya estás muerto no hay sobredosis, solo un *Rush* más elevado".
-"¡Órale! ¡Me cae que ya me esta gustando la idea de estar aquí en el infierno!"
-"Te lo digo hombre, aquí todo es bien relax y siempre entre amigos. Aquí nadie te señala por drogo o vicioso ni cosas de esas..."
-"Pues entonces está a toda madre, ¡me cae!"
-"Claro que sí, ya lo verás, yo sé lo que te digo. Oye. ¿y tú eres gay?"
-"No, eso si no, jamás..."
-"¡Chin! Entonces vas a odiar los viernes..."

☺

Un enfermo de SIDA llega al médico y le dice:
-"Doctor tengo el SIDA, ¿qué me puede recetar?"
-"Pues mire, por la mañana se come un kilo de ciruelas, al medio día se come otro kilo de ciruelas, y por la noche cómase otro kilo de ciruelas".

-"Pero doctor, comiendo tantas ciruelas me voy a pasar el día cagando".
-"Eso es para que sepas para lo que sirve la cola, ¡pinche maricón!"

☺

¿En qué se parecen los homosexuales a los corpiños? En que los dos se abrochan por atrás.

☺

Estaba una vez el compadre Chuy tomando en una cantina y de repente llega su compadre con una botella de tequila y le dice:
-"¡Qué!, ¿nos la chupamos?"
Y el compadre Chuy le contesta
-"¿Qué la botella es para darnos valor?"

☺

En un teatro, arriba del escenario, había un hombre y un cocodrilo; el cocodrilo abrió grande la boca y el hombre le puso su miembro adentro. Miró al público y dijo:
-"¿Hay alguien que se anime a hacer lo mismo?"
Se levantó un maricón y dijo:
-"Yo me animo... pero no sé si voy a poder abrir la boca tan grande..."

☺

Cuatro amigos estaban esperando turno para salir a un partido de golf cuando uno de ellos se va al baño... Los

tres amigos que quedan se ponen a platicar presuntuosamente de sus hijos. El primero dice:
-"Mi hijo realmente la ha hecho en grande; empezó lavando carros en una distribuidora como trabajo de verano. Sucede que un día le dieron una oportunidad y lo nombraron vendedor. El caso es que le fue tan bien vendiendo autos que compró la distribuidora, y tiene tanto éxito que le regaló a su mejor amigo un Mercedes en su cumpleaños".
El segundo, no quedándose atrás, dice:
-"Yo me preocupaba mucho por mi hijo porque empezó como barrendero para una compañía de bienes raíces cuando joven. A él también le dieron una oportunidad como vendedor a comisión y, eventualmente, compró la compañía y tiene tanto éxito, que le regaló a su mejor amigo una casa nueva en su cumpleaños".
El tercero dice:
-"Mi hijo empezó trapeando pisos en una casa de bolsa, a él también le dieron una oportunidad como corredor de bolsa y ahora tiene su propia casa de bolsa. Tiene tanto éxito que le regaló a su mejor amigo un millón de dólares en acciones en su cumpleaños".
El cuarto amigo sale del baño. Los tres le explican que han estado platicando sobre el éxito de sus hijos y entonces él comenta:
-"Me da pena admitirlo pero mi hijo es un total fracaso. Empezó como peinador y, 15 años después, todavía es peinador. De hecho, me acabo de enterar que es gay y que tiene varios novios. Pero me consuelo viendo el lado

amable de las cosas, sus novios le acaban de hacer interesantes regalos: un Mercedes nuevo, una casa nueva y un millón de dólares en acciones por su cumpleaños".

☺

Un día dos jóvenes homosexuales fueron de visita al zoológico. Caminaban por los alrededores del mismo cuando de pronto se encontraron afuera de la jaula del gorila. El gorila estaba sentado en la esquina de la jaula con una tremenda erección. Uno le dice al otro:
-"Me pregunto ¿cómo se ha de sentir?"
-"Pues solamente hay una manera de saberlo, y esa es tocarlo".
El maricón acerca la mano dentro de la jaula y toca al gorila en los genitales. Antes de que pueda remover la mano, el gorila lo agarra y lo mete en la jaula. Lo pone contra el piso, le brinca encima y, finalmente, se lo viola hasta que casi lo mata. Tres días después el maricón despierta en la cama del hospital. Una enfermera entra y le dice que tiene un visitante. Todo adolorido, abre los ojos y ve a su amigo que se acerca con cara de preocupación preguntándole:
-"¿Estás herido? ¿Te lastimó ese animal?"
El moribundo le contesta:
-"¿Herido? ¿Lastimado? ¡Por supuesto que sí! ¡Ese cabrón no me ha llamado ni me ha escrito!"

☺

Dos maricas divis divis van en su auto convertible y se detienen a la orilla de la carretera. Uno de ellos, que ya

no aguantaba las ganas, penetra entre los arbustos con el fin de evacuar. Después de un rato, regresa toda pálida y afligida la babosa...
-"¿Qué te pasó?", le pregunta alarmada su compañerita.
-"¡Aborté!", responde compungido el afeminado.
-"¡Ay tonta, no me espantes! ¡Nosotras no abortamos!"
-"Sí, ven, acompáñame. ¡Mira sus manitas, mira su boquita, mira sus ojitos!"
-"¡Estúpida! ¡Te cagaste en un sapo!"

☺

Llega un homosexual llorando a contarle a su amigo que le acaban de diagnosticar SIDA. El otro lo consuela y le dice:
-"No llores mana, ponte por las noches una mascarilla de barro".
El homosexual emocionado le pregunta:
-"¿Y con eso me voy a curar?"
A lo que le responde:
-"No, pero te vas a ir acostumbrando a la tierrita".

☺

Un camionero va por la carretera y a lo lejos ve un hombre vestido totalmente de rojo. El camión se va aproximando y el hombre no se aparta. Le echa las luces y nada. El hombre no se mueve. El camionero pega una frenada y queda a un metro del hombre. Baja del camión asombrado. El hombre de rojo le dice:
-"Soy el homosexual de rojo, ¿tienes algo para comer?"

El camionero se queda mirándolo y le dice:
-"¡Pero que poca madre! ¿No viste que casi te atropello?"
El camionero sube al camión y sigue su ruta, cuando a lo lejos ve otro hombre, también parado en el medio de la carretera, vestido totalmente de blanco. Otra vez echa luces pero el tipo no se aparta. El camionero vuelve a frenar bruscamente. Baja, encabronado, y encara al tipo que le dice:
-"Soy el homosexual de blanco. ¿Tienes algo para tomar?"
El camionero le grita:
-"¿Pero será posible con ustedes los maricones? ¿No viste que casi te paso el camión por encima? ¡Vete a ch... a tu madre a otro lado!"
Una vez mas sube al camión y prosigue su camino. Pero, nuevamente, a lo lejos, ve a un hombre en medio del camino, esta vez, vestido totalmente de azul. Echa luces, pero el tipo no se aparta. Pega una frenada y queda a medio metro del tipo. Ya bien enojado, baja del camión.
-"¡A ver, tú has de ser el joto de azul! ¿Y tú qué jodidos quieres?"
Esta vez el hombre le responde:
-"¡Para empezar, hijo de tu madre, licencia de manejar y tarjeta de circulación cabrón...!"

☺

Llega un tipo a un bar y le dice al cantinero:
-"Por favor un ron".
El cantinero le dice:
-"Señor, todo se pide con rima aquí".

El señor le responde:
-"Bueno, dame un ron cañero para que venga el negro y se eche al cantinero".
El cantinero indignado le dice:
-"¿Por qué no pide un aguardiente, para que venga el negro y se enchufe al cliente?"
En eso una marica que está al lado dice:
-"Ay, por favor pidan un ron *El Marqués* para que venga el negro y nos lo haga a los tres".

☺

Un maricón estaba cansado de ser homosexual y se dirige al sexólogo. Ya en el consultorio del doctor, éste le pregunta:
-"¿Cuál es su problema, señor Bonilla?"
-"Estoy aburrido de ser maricón, ¿existe algún tratamiento para dejar de serlo?"
-"Claro que sí, bájese los pantalones que yo le arreglaré ese problema".
Entonces Bonilla se baja el pantalón y el médico empieza a pasarle el dedo por el borde del trasero diciendo lo siguiente:
-"Por la orilla, por la orilla, que se mejore Bonilla... Por la orilla, por la orilla, que se mejore Bonilla".
Así un par de minutos, hasta que Bonilla lo interrumpe con voz temblorosa:
-"Por en medio... por en medio... ¡que Bonilla no tiene remedio!"

☺

Un desnudista que camina por una playa solitaria se detiene ante unos letreros que advierten:
"¡Cuidado con los homosexuales! ¡Cuídese de los gays! ¡Protéjasè de los pájaros!"
El hombre sorprendido se dice a sí mismo:
-"¿Cómo que me cuide de los homosexuales, si esta playa está solitaria?"
El tipo no hace caso y sigue su paseo. Metros después, ve un letrero muy pequeño que despierta su curiosidad. Cuando se agacha a leerlo, ve el siguiente mensaje:
"¡SE LO ADVERTIMOS!"

☺

Estaba un día un matrimonio gay platicando acerca de su futuro y deciden que quieren tener un hijo. Pensando en cómo llevar a cabo su sueño, contratan a una mujer para que les engendre la criatura. Una vez encontrada la dama, los chicos unen sus espermas, los mezclan bien en un frasco de cristal, se los dan al médico y la mujer es artificialmente inseminada. A los nueve meses los llaman del hospital para decirles que acaba de nacer un varoncito. Los dos chicos corren llenos de alegría al hospital. Al llegar los llevan a una sala donde hay como treinta bebés todos gritando y llorando, menos uno. Este bebé está muy tranquilo, plácido y sonriente. Al verlo, los chicos se voltean a ver intrigados por la actitud del niño y mayor fue su sorpresa al ver que él era el suyo.
-"¡Pero que nene tan bueno, tan alegre!", exclama uno

de los maricones.
Y la enfermera responde:
-"Cierto... ¡pero no vayan a sacarle el chupón de la cola porque se vuelve loco!"

☺

Dos viejos amigos se encuentran después de muchos años de no haberse visto. Por su aspecto, a uno de ellos parece que todo le ha salido bien y que le ha sonreído la fortuna; por lo que el otro pregunta:
-"¿Cómo le has hecho para hacerte rico?"
-"Pues pedí un crédito en un banco y monté un prostíbulo: en el primer piso tengo a las chicas de 18 a 25 años; en el segundo, las de 25 a 40 años, y el último lo dedico a los maricones".
-"¡Qué suerte la tuya! Te la habrás pasado en grande".
-"No te creas, los comienzos fueron muy difíciles, sufrí muchísimo".
-"¿Cómo fue eso?"
-"Pues como no tenía dinero tuve que poner a mi hija en el primer piso. A mi mujer en el segundo... ¡Y quedarme yo en el tercero!"

☺

A ver muchachos y muchachas, digan esta frase con todas las vocales:
"Mi moto alpina derrapante"
Ahora con la A,
"ma mata alpana darrapanta"

Muy bien, ahora con la O
"mo moto olpono dorroponto"
¡Genial! Ahora más difícil, prueba con la E...

☺

Llega un caballero sumamente nervioso al doctor para ver si éste le puede decir si es o no homosexual. Después de media hora de espera por fin pasa nuestro amigo:
-"Doctor, doctor, tengo un problema, no sé si soy homosexual. Quería saber si hay algún test o examen que lo diga, y si me lo puede hacer usted".
-"Bueno, hay uno que no falla... vamos a ver..."
El médico le pide que se quite la ropa y que se mantenga de pie unos momentos. Obedeciendo las indicaciones del galeno, nuestro amigo se encuentra *descalzo hasta el cuello* y de pie. En eso, se acerca el doctor, le agarra un testículo y le dice:
-"Diga noventa y nueve".
-"Noventa y nueve".
El médico apunta algo en un cuaderno y con toda tranquilidad le agarra el miembro.
-"Diga noventa y nueve".
-"Noventa y nueve".
El médico vuelve a anotar algo en su cuaderno y con mucha calma, le mete el dedo en el ano.
-"Diga noventa y nueve".
-"Uno... dos... tres..."

☺

Alfonso estaba emocionado con su nuevo rifle, así que se fue a cazar osos. Se encontró con un pequeño oso de color marrón y le disparó. Fue entonces que sintió un golpecito sobre su hombro y se dio vuelta para ver un gran oso negro, el cual le dijo:
-"Tienes dos opciones. O te golpeo hasta la muerte, o nos entendemos con sexo".
Alfonso decidió agacharse, y aunque se sintió adolorido por 2 semanas, rápidamente se recuperó y juró venganza. Inició otro viaje para encontrar al oso negro, y cuando por fin lo encontró, le disparó. Entonces sintió otro golpecito en el hombro. Esta vez un enorme oso grisáceo estaba a su derecha. Era más grande que el oso negro y éste le dijo:
-"Esto te va a doler más a ti que a mí, pero tienes dos opciones. O te golpeo hasta la muerte, o nos entendemos con sexo".
Otra vez Alfonso pensó que era mejor perder su dignidad que su vida. Aunque sobrevivió, pasaron muchos meses hasta que logró recuperarse. Ultrajado, se dirigió de nuevo al bosque con una sola meta, ¡la venganza! Logró encontrar la pista del oso grisáceo, lo ubicó y le disparó. Fue entonces que sintió un nuevo golpecito en el hombro, giró y vio un gigantesco oso polar mirándolo fijo, que le dijo:
-"Admítelo Alfonso, tú no vienes aquí a cazar... ¿o sí?"

De Judíos...

La escena ocurre en la casa de un judío, el hijo le cuenta:
-"¡Babba, babba! En el colegio me han rebrobado".
-"¿Borqué, hijo? ¡Cuéntale a tu badre!"
-"¡Borque no supe los nombres de los dedos de la mano, badre! ¿Es que acaso es tan imbortante darles nombres?"
-"Yo nunca los sube y siembre me las arreglé muy bien... Hijo yo te lo contaré cuáles son los nombres de los dedos y borqué es imbortante saberlos... El brimero es el legal... ¡Sirve bara firmar los babeles imbortantes! El segundo es el autoritario... ¡Sirve bara dar las ordenes! El tercero es el baginal... ¡Ya sabrás bara qué! El cuarto es el matrimonial... ¡Allí te bones el anillo de bodas! El

quinto es el buscador... Busca en la naríz, busca en las orejas..."
-"Berdone usted badre, combrendo muy bien lo que usted me enseña badre, pero no tengo muy en claro bara que sirva el tercero..."
-"Ah, el tercero hijo, ya te dije que era el baginal... Sirve para basar las báginas al leer... Bágina uno, bágina dos..."

☺

Llega Abraham a los laboratorios con un frasco de mayonesa familiar lleno de orina y le dicen:
-"Para un análisis no necesitaba más que un pequeño frasco".
-"¿Qué, le molesta el tamaño?"
-"No señor, sólo sugería".
Tres días después, luego de recoger los resultados del laboratorio, llega Abraham muy contento a su casa.
-"¡Sara, mi vida, Jacobo, Isaac, Rebeca, tú y yo... todos salimos muy bien!"

☺

Va Samuel, el judío, al Banco Israelita y se acerca al cajero.
-"Buenos días Samuel", lo saluda el cajero atentamente.
-"Buenos días. Vengo a sacar un crédito de 1 dólar".
-"¿Un dólar? Pero Samuel, le retiro esa cifra de cualquiera de sus cuentas o inversiones y solucionado el problema".
-"No... Yo quiero un dólar de crédito a pagar en 1 mes.

Si no da crédito, Samuel retira inversión, retira dinero, retira joyas, retira todo".
-"Pero no Samuel, no es para tanto, si usted quiere el crédito se lo damos", y le acerca los papeles para que lo firme.
-"¿Cuánto es de interés?"
-"3% Mensual".
-"Está bien, pero quiero dejar en garantía de pago mi BMW".
-"No Samuel, no es necesario con sus cuentas es más que suficiente".
-"Si no deja mi BMW de garantía, retira inversión, retira dinero, retira joyas, retira todo".
-"Está bien Samuel, puede dejar su BMW en garantía en la bóveda del Banco hasta dentro de 30 días".
-"¡Perfecto!"
Vuelve Samuel a su casa y le dice a su esposa:
-"Ruthie, ya podemos tener vacaciones tranquilos, conseguí estacionamiento por $1.03 el mes completo".

☺

Pasan dos judíos en avión sobre el Vaticano y le dice uno al otro muerto de la envidia:
-"Mira, y pensar que estos empezaron con un pesebre".

☺

¿Por qué los judíos tienen la nariz grande?
Porque el aire es gratis.

☺

Un judío vuelve a su pueblo natal y lo reciben sus tres hermanos con una barba que les llega hasta el piso. El judío les dice:
-"Pero, ¿qué son esas barbas?"
-"Es que cuando te fuiste te llevaste el pinche rastrillo, cabrón".

☺

El judío Isaac sufre de un paro cardíaco y es llevado a un hospital de emergencia. El doctor al ver que se empieza a asfixiar, ordena:
-"¡Rápido, rápido, pónganle la mascarilla!"
E Isaac responde rápidamente:
-"¡No no! ¡La más barata por favor!"

☺

Llega Isaac muy preocupado a hablar con su padre:
-"¡Oh padre Abraham! Yo estoy muy preocupados porque haberme llegado un requerimientos de Haciendas y no sé cómo presentarme. Fui a pedir consejos a mi hermano Jacob y él haber dicho: ¡Tú hermano... llévate tus mejores trajes, el rólex, las plumas Mont Blanc; llega en el Mercedez Benz y pórtate como si fueras dueños del mundo! Luego haber ido con hermano Israel y él aconsejar: ¡Querido hermano... tú llévate unos pantalones de mezclillas viejitos, playera blanca, ponte el Timex, lleva una plumas bic, llega en peseros y pórtate el más humildes del mundo! ¡Oh, padre! Yo no sé a cual de los dos he de hacerle caso, si a Jacob o Israel".

Abraham, como todo un patriarca responde sabiamente:
-"Mira querido hijos, yo solamente puedo responderte lo que le dije a tu hermana Sarita el día de su bodas cuando ella preguntó qué debía usar la noche de bodas, si un negligé transparentes o con un camisón de franelas, yo le dije: ¡Querida hija vayas como vayas... como quiera te van a ensartar!

☺

Llega muy orgulloso Abraham con Isaac y le dice:
-"Fíjates Abraham que mi hija, desbués de tantos años de lucha en el medios artísticos, por fin ancontró trabajo en un bar de la Zona Rosa. ¿Quieres acompañarmes hoy en la noche a verlas, Abraham?"
-"¿Qué debuta?"
-"¡No, de cantantes!"

☺

De Suegras...

Un hombre llega a su casa y su mujer le dice desesperada:
-"¡Mi amor, mi amor, a mi mamá la picó un escorpión!"
-"¿Cómo pudo picarla sólo un escorpión? ¡Si había 4 en la caja!"

☺

La mujer desesperada entra al comedor gritando:
-"¡Auxilio, socorro, llamen a los bomberos, se quema nuestra casa!"
-"¡Shhh!, silencio mi amor, no hagas ruido que vas a despertar a tu madre.

☺

Dice el marido a su esposa:
-"¡Mi amor!... ¡Mi amor!... ¡Hace media hora que se cayó tu mamá de la terraza!"
-"¿Y por qué me avisas hasta ahora?"
-"Es que no podía hablar de la risa".

☺

La esposa le comenta al marido:
-"¿Sabes, Julio, el reloj de pared se ha caído y por un segundo casi le rompe la cabeza a mi mamá?"
-"Siempre te he dicho que ese reloj se atrasa".

☺

Un hombre iba de vacaciones en el automóvil con su familia. Su suegra gritaba y gritaba, molestaba, era insoportable. El hombre, que ya se estaba poniendo nervioso, detiene el auto, se baja, abre la cajuela y le dice a su suegra:
-"¡Esta bien!, venga adelante con nosotros".

☺

Llega la suegra a la casa del yerno y le dice:
-"¿No le molesta que me quede a comer con usted?"
-"No, para nada ¿a usted, linda suegra, no le molesta comer milanesas de ayer?"
-"No... a mí no".
-"Bueno, ¿entonces por qué no viene mejor mañana?"

☺

-"A mí me gustaría que mi suegra fuera una estrella".
-"¿Si? ¿Para que los llevara a Hollywood?"
-"No, para que estuviese a 3,000 años luz".

☺

-"¿Por cuánto me compras a mi suegra?"
-"¿A tu suegra? Por nada".
-"De acuerdo, trato hecho".

☺

-"El otro día vi a tu suegra y...".
-"¡Alto ahí! No se dice suegra, se dice madre política".
-"Pero si la política es una mierda".
-"Por eso mismo".

☺

-"Suegra, ¿usted cree en la reencarnación?"
-"Pues claro que sí".
-"Y dígame, si usted se muere, ¿en qué animal le gustaría reencarnarse?"
-"Pues a mí siempre me han gustado las serpientes".
-"No se vale repetir, no se vale repetir..."

☺

Una mujer tenía tres hijas muy guapas y soñaba con casar y ver felices a cada una de ellas. Por ello, y para asegurarse de que eran felices, en el día de sus respectivas bodas le pedía a cada una de ellas que le escribieran contándoles sobre su luna de miel. La primera escribió

al segundo día de haberse casado. La carta llegó con un sólo mensaje: "Nescafé".
La madre quedó algo confusa al principio, pero después pudo ver un anuncio de Nescafé en el periódico que decía:

"PLACER, HASTA LA ÚLTIMA GOTA"

Así que la madre se puso contenta. Meses más tarde se casó la segunda hija y después de una semana envió una carta a casa. Sólo tenía un mensaje que decía: "Benson & Hedges".
Así que la madre buscó un anuncio de Benson & Hedges que decía:

"EXTRA LARGO, TAMAÑO SUPERIOR".

Así que la madre se puso contenta. Después de que la tercera hija se casara, la madre estaba ansiosa de recibir un mensaje de su pequeña. Después de más de 4 semanas llegó un mensaje. Cuando lo leyó simplemente decía: "British Airways".
La madre que ya estaba acostumbrada a esos mensajes, frenéticamente buscó un anuncio British Airways por todos los periódicos que tenía en casa Finalmente encontró uno y quedó algo sorprendida. El anuncio decía:

"TRES VECES AL DÍA, SIETE DÍAS A LA SEMANA, EN AMBOS SENTIDOS".

☺

Le comenta un tipo a alguien en una boda de esas que

-"Oiga, ¿ya se fijó que la novia es bastante horrible, la pobre?"
-"¡Momento! ¿Qué le pasa? ¡No se exprese así, que es mi hija!"
-"¡Ah! Usted perdone, no pensé que usted fuera el papá".
-"No soy el papá... ¡soy la mamá, pendejo!"

☺

Índice...

TÍTULOS DE ESTA COLECCIÓN

Diccionario del Diablo. *Ambrose Bierce*

Diccionario de los Cínicos. *Aubrey Dillon-Malone*

El Libro de los Gases. *Alec Bromcie*

Me Gana La Risa. Vol. 1 *Tato Garibay*

Me Gana La Risa. Vol. 2 *Tato Garibay*

Me Gana La Risa. Vol. 3 *Tato Garibay*

Me Gana La Risa. Vol. 4 *Tato Garibay*

Me Gana La Risa. Vol. 5 *Tato Garibay*

Me Gana La Risa. Vol. 6 *Tato Garibay*

Me Gana La Risa. Vol. 7 *Tato Garibay*

Me Gana La Risa. Vol. 8 *Tato Garibay*

Me Gana La Risa. Vol. 9 *Tato Garibay*

Me Gana La Risa. Vol. 10 *Tato Garibay*

Esta obra se terminó de imprimir en
OFFSET LIBRA, Francisco I. Madero No. 31,
Barrio San Miguel Iztacalco, C.P. 08650,
México, D.F. Tel: 5590-8269